金融機関の AML実務ガイド

リスク評価とシステム対応

A Practical Guide to Anti-Money Laundering
and Combating the Financing of Terrorism

藤井尚子　忍田伸彦［著］
りそなホールディングス　SAS Institute Japan

一般社団法人 **金融財政事情研究会**

はじめに

　FATF（金融活動作業部会）第4次対日相互審査を控え、AML/CFT（マネー・ローンダリング及びテロ資金供与対策）への注目がかつてないほどの高まりをみせている。AML/CFTはすべての金融機関が主要業務としてとらえ、国際的な水準で実施しなければならないものとなった。

　わが国における金融犯罪対策の水準向上は望ましいことだが、現場のコンプライアンス担当者にとっては、限られた時間とリソースのなかで、何をどこまで対応すればよいのか悩む場面も多いだろう。FATF勧告の基本原則であるリスクベース・アプローチの概念は、継続的なリスク評価と有効性検証を中心としたPDCAサイクルの構築という、プロセスそのものを重視した考え方である。表面的なリスク評価書の作成やシステムの導入では不十分であり、実効性を高めるための施策を自らが考えて実行することが求められている一方で、これからAML/CFTに本格的に着手しようとする金融機関にとっては、身近な事例や過去の実績も少なく、どのように取組みを進めればよいのかイメージが湧かない場合もあるだろう。

　本書は、金融機関においてAML/CFTに取り組む業務担当者やシステム担当者を読者として想定し、事務管理やシステム構築の実効性を向上させるための参考書として読んでいただくことを目的としている。各章では主に検討のプロセスや観点を示し、筆者の実務経験や試行錯誤から得た気づきや対応事例をできるだけ具体的に記載した。ただし、これらはあくまでも考え方の一例を示したにすぎない。各社においては、自らの内外の環境をふまえたマネー・ローンダリングおよびテロ資金供与のリスクを把握・分析し、有効な対策を検討していただきたい。

　また、本書は具体的な実務やシステム対応の考え方に重点を置いており、国内外の法令や規制、当局ガイドライン等への対応を網羅的に解説したものではない。本文中でガイドライン等を引用している箇所も存在するが、これ

はじめに　I

らの引用はすべて本書の執筆時点の情報に基づいている。読者におかれては、常に最新の情報と比較したうえで本書を参照するようご留意いただきたい。

　なお、本書の内容は、筆者の個人的な見解を示したものであって、筆者が所属する組織の見解を示したものではない。本文中の事例についても一定の抽象化を行い、一般的な話に置き換えていることをおことわりしておく。

　AML/CFTの目的は、自社が金融犯罪の舞台となることを防ぎ、不正被害から顧客を守り、テロの恐怖のない平和な社会をつくることにある。これらの原点を見失わないことが、規制対応業務としてのAML/CFTに前向きに取り組むうえでの工夫やアイデアにつながるだろう。本書が、これからAML/CFTの対応に着手しようとする方、そして、まさにいま対応している方にとっての道標となれば幸いである。

　　2019年5月

忍田　伸彦

【著者紹介】

藤井　尚子（ふじい　なおこ）

（第1章、第2章、第3章3－1～3－3、第4章、第5章5－1、5－5、5－6、第6章6－1～6－3、第7章7－1、7－5、第10章を担当）
株式会社りそなホールディングス　コンプライアンス統括部AML金融犯罪対策室　グループリーダー
大阪大学卒業、1988年に大和銀行（現りそな銀行）入行。資金証券部、国際資金証券部等を経て、2003年よりAML（金融犯罪対策）に従事。公認AMLスペシャリスト（CAMS）。
［主な論文］
「振り込め詐欺救済法の「犯罪利用預金口座等」の該当性（消極）をめぐる大阪高判平28.11.29を受けて」（金融法務事情2066号　2017.5.25）
「FATF第四次対日相互審査に向けた金融機関の対応事例」（金融法務事情 2082号　2018.1.25）

忍田　伸彦（おしだ　のぶひこ）

（第3章3－4～3－6、第5章5－2～5－4、第6章6－4～6－7、第7章7－2～7－4、第8章、第9章を担当）
SAS Institute Japan株式会社　コンサルティングサービス本部　Fraud & Security Intelligenceグループ　マネージャー
創価大学工学部卒業。東京大学大学院工学系研究科博士課程修了。博士（工学）。大手システムインテグレーターにて、航空会社向け基幹システムのデータモデリングやフレームワークの開発に従事した後、2010年にSAS Institute Japan株式会社に入社。主に金融機関におけるリスク管理、AML、不正検知分野のデータ分析やパッケージ導入に関するコンサルティングに従事。公認AMLスペシャリスト（CAMS）。

本書で引用した各種ガイドラインは、下記の時点のものを参照している。
●マネー・ローンダリング及びテロ資金供与対策に関するガイドライン（平成31年4月10日　金融庁）
●外国為替検査ガイドライン（平成30年9月　財務省国際局）
●犯罪収益移転危険度調査書（平成30年12月　国家公安委員会）

目　次

第 1 章　AMLプログラムの構築

1－1　マネー・ローンダリングおよびテロ資金供与対策の目的
AML態勢整備は何が実現できたら成功といえるのか ················ 2

(1) マネー・ローンダリング防止やテロ資金供与対策（AML）の目的 ··· 2

(2) 金融機関等の取組みの必要性（AMLに消極的な場合どうなるか）····· 3

(3) 金融機関等にとっての共通課題 ································ 3

(4) リスクベース・アプローチ ···································· 4

1－2　AMLプログラムの概要
AMLにおいて実現すべき事項とは ································ 7

(1) AMLプログラムの項目 ······································ 7

(2) AMLプログラムのねらいと実効性 ···························· 8

1－3　AMLプログラムのPDCA
継続的に課題対応を進めるには、どこから着手するのか ········ 11

(1) 課題設定 ·· 11

(2) AMLプログラムの各項目の関係性 ···························· 12

(3) AMLプログラムの有効性 ···································· 13

(4) AMLプログラムのステップアップ ···························· 13

1－4　経営陣の関与
経営陣が関与する仕組みとは ································ 17

(1) 全社的なマネロンリスクの把握・認識 ························ 17

(2) AMLプログラムの使い方（全社的なリスク管理) ·················· 17

(3) 経営陣、全部署の参画を得るために ························ 18

第 2 章　マネロンリスクの特定・評価

2－1 ｜ マネロンリスクの特定・評価の目的
全社的なマネロンリスク評価への経営陣の関与とは ……………… 22

(1) マネロンリスク評価の目的とAMLプログラムにおける位置づけ … 22

(2) マネロンリスク評価の見直し（PDCA）………………………… 23

(3) 自社リスクを表す文書（リスク評価書）………………………… 24

(4) なぜ「自社リスク」なのか ……………………………………… 25

(5) 経営陣の関与 ……………………………………………………… 25

2－2 ｜ マネロンリスクの分析
マネロンリスクの4領域（顧客属性、国・地域、商品・サービ
ス、取引形態）をどうとらえるか ………………………………… 28

(1) リスク特定 ………………………………………………………… 28

(2) リスク評価 ………………………………………………………… 29

(3) マネロンリスクの4領域 ………………………………………… 29

(4) 顧客属性リスク …………………………………………………… 30

(5) 国・地域リスク …………………………………………………… 31

(6) 商品・サービスリスク、取引形態リスク ……………………… 32

(7) 統合的なリスクマップ …………………………………………… 34

第 3 章　ITシステムの導入

3－1 ｜ ITシステム導入の目的
ITシステムを入れないと、AMLは実現できないのか …………… 38

(1) ITシステムの必要性 ……………………………………………… 38

(2) データベースとデータ連携の必要性 …………………………… 39

目　次　5

(3) リスク評価・検知モデル（ロジック）策定の必要性

　　〜フィルタリング、顧客リスク格付、取引モニタリング〜 ········· 40

3－2 システム選定の観点
ITシステムに何を求めるか ·············· 43

(1) AMLシステムの構成 ·············· 43

(2) 柔　軟　性 ·············· 43

(3) データベースやチャネルの拡張性 ·············· 44

(4) モデルの迅速な可変性・開示性 ·············· 44

(5) 可　用　性 ·············· 44

(6) 自社開発か外部パッケージか ·············· 45

(7) 共同システム化の留意点 ·············· 46

3－3 ITシステムの管理
AMLシステムを管理するための役割とは ·············· 48

(1) システム導入時の留意点 ·············· 48

(2) 人材確保 ·············· 48

(3) 役割分担の例 ·············· 49

3－4 AMLシステムの概要
どのようなAMLシステムが必要なのか ·············· 51

(1) AMLシステムのビジネス機能 ·············· 51

(2) 利用場面 ·············· 51

(3) 段階的な拡張 ·············· 54

3－5 導入プロジェクト計画の作成
システムの導入にはどのくらいの時間がかかるのか ·············· 56

(1) 正しい計画を立てる ·············· 56

(2) プロジェクト計画の観点 ·············· 57

3－6 AMLシステムで使用されるデータ
どのようなデータを準備する必要があるのか ·············· 62

(1) AMLシステムのデータ ·············· 62

(2) ETL ··· 63

第 4 章　顧客管理の概要

4－1　顧客管理の全体像
　　　顧客リスク格付・取引モニタリング・フィルタリングをどのように位置づけるのか ··· 66
(1) AMLプログラムにおける「顧客管理」の位置づけ ················· 67
(2) 顧客管理のプロセス ··· 67
(3) 顧客情報の把握（CDD）の重要性と情報活用 ························· 69

4－2　AMLシステムの課題把握
　　　AMLシステム検討のプロセスとは ······································· 71
(1) AMLシステム検討の着手（課題の把握） ····························· 71
(2) 優先順位の考え方 ··· 72

第 5 章　ウォッチリストフィルタリング

5－1　フィルタリングの概要
　　　フィルタリングの目的と対象は何か ····································· 76
(1) フィルタリングの目的 ··· 76
(2) フィルタリングの5段階 ··· 76
(3) フィルタリング対象 ··· 77

5－2　ウォッチリストの整備
　　　何をリストとして使用するのか ··· 79
(1) ウォッチリストとは ··· 79
(2) 自社管理のウォッチリストの登録基準 ····································· 80

目　次　7

5－3 データのクレンジング

　データをそのままフィルタリングに使用できるのか ･･････････････ 83

（1）入力形式のばらつきをなくすためのデータクレンジング ･･････････ 83

（2）入力された値の正確性を向上させるためのデータクレンジング ･･･ 84

（3）イレギュラーな入力を整えるためのデータクレンジング ･･････････ 84

5－4 フィルタリングロジックの検討

　フィルタリングの照合ロジックはどのように設定すべきか ･･･････ 88

（1）フィルタリングの照合ロジックの検討 ･････････････････････････ 88

（2）照合ロジックの設定方法 ･････････････････････････････････････ 89

（3）照合結果の確認と設定のチューニング ･･･････････････････････････ 90

5－5 新規先顧客・取引時・既存先顧客のフィルタリング

　フィルタリングはどのようなときに行うのか ･･････････････････ 92

（1）新規先顧客（事前）のフィルタリング ･･･････････････････････ 92

（2）取引時（決済時）のフィルタリング ･････････････････････････ 92

（3）既存先（事後）のフィルタリング ･･･････････････････････････ 93

（4）フィルタリングの留意点 ･････････････････････････････････････ 93

5－6 該当した場合の対応

　ウォッチリストに該当したらどうするか ･･････････････････････ 94

（1）リスクに応じた対応方針 ･････････････････････････････････････ 94

（2）エスカレーション（上級管理者の承認・本部協議等） ･･････････ 94

（3）本当に検知しているのか ･･･････････････････････････････････ 95

第6章　顧客リスク格付

6－1 顧客リスク格付の概要

　なぜ顧客リスク格付を行うのか ･･････････････････････････････ 98

（1）顧客リスク格付の目的 ･･････････････････････････････････････ 98

（2） 顧客管理に係るリスク評価と顧客受入方針（経営陣の関与）……… 99

（3） 顧客リスク格付の5段階 ……………………………………………… 99

6−2 顧客リスク格付の実務対応
顧客リスク格付をどのように行うか ………………………………… 103

（1） 顧客リスク格付の基準 ……………………………………………… 103

（2） 常に動いていくもの（ダイナミックアプローチ） ……………… 104

（3） 顧客の実態把握（調査、EDD）に基づく取引見直しが重要（格付
が目的ではない） …………………………………………………… 104

6−3 顧客リスク格付に基づく新規先、既存先の対応
どのように全顧客にリスク格付を付与すればよいのか ………… 106

（1） 新規先の顧客リスク格付 …………………………………………… 106

（2） 既存先の顧客リスク格付 …………………………………………… 107

（3） 格付の承認と変更管理等 …………………………………………… 107

（4） 顧客リスク格付の活用 ……………………………………………… 108

6−4 顧客リスク格付モデルの概要
顧客リスク格付モデルの定義をどのように行えばよいのか ……… 110

（1） 自社のリスク評価書を起点とする ………………………………… 110

（2） 観点ごとにリスク評価項目の分類を行う ………………………… 111

（3） リスク評価項目とデータ項目のマッピングを行う ……………… 111

（4） リスク評価項目を絶対基準と相対基準に分類する ……………… 113

（5） リスク格付区分の閾値を決定する ………………………………… 115

6−5 顧客リスク格付モデルに使用する項目の選定
顧客リスク格付モデルに使用する項目はどのように決めればよ
いのか ………………………………………………………………… 116

（1） 項目選定のアプローチ ……………………………………………… 116

（2） 項目の例 ……………………………………………………………… 117

6−6 顧客リスク格付区分の定義
どのくらいの割合の顧客をハイリスクとして管理すべきなのか … 121

(1) 個別のリスク評価項目のスコアとウェイト ･････････････････ 121

(2) 各リスク評価グループのウェイト ･･････････････････････ 123

(3) リスク格付区分を決定する合計スコアの閾値 ･･････････････ 123

6−7 │ 顧客リスク格付の運用
どのような場面で顧客リスク格付を利用するのか ････････ 127

(1) 取引モニタリングにおける利用 ･･････････････････････ 127

(2) EDD/Periodic Reviewにおける利用 ･･････････････････ 127

(3) CRMシステムへの連携 ･･･････････････････････････ 129

第7章　取引モニタリング

7−1 │ 取引モニタリングの概要
取引モニタリングにより何を目指すのか ････････････････ 132

(1) 取引モニタリングの目的 ･････････････････････････ 132

(2) 取引モニタリングの対象 ･････････････････････････ 133

(3) 取引モニタリングの観点 ･････････････････････････ 133

(4) 取引モニタリングのための準備 ･･････････････････････ 134

(5) 取引モニタリングにおける調査の重要性 ･････････････････ 134

7−2 │ 取引モニタリングの導入手順
取引モニタリングでは何を決める必要があるのか ････････ 137

(1) 自社のリスク評価書を起点とする ････････････････････ 137

(2) モニタリングを行う取引の対象スコープを決める ･･････････ 137

(3) シナリオの概要を決める ･････････････････････････ 138

(4) シナリオのデータ項目のマッピングを行う ･･･････････････ 138

(5) シナリオパラメータの閾値の設定 ････････････････････ 139

7−3 │ シナリオの種類と作成手順
取引モニタリングのシナリオはどのように作成すればよいのか ･･･ 141

- (1) ルールベースのシナリオ ··· 141
- (2) プロファイルベースのシナリオ ·· 144

7 − 4 │ シナリオの閾値設定
アラートは何件くらい発生させるのがよいのか ················· 148
- (1) 閾値設定のむずかしさ ··· 148
- (2) 不適切な閾値の決め方 ··· 148
- (3) 適切な閾値の決め方 ··· 149

7 − 5 │ アラート処理（調査、判断、対応）
取引モニタリングシステムでアラートが検出されたらどうする
のか ·· 152
- (1) 1 次調査（社内情報を集める） ·· 153
- (2) 1 次判断（社内情報に基づく仮説） ···································· 154
- (3) 2 次調査（追加情報を集める） ·· 156
- (4) 2 次判断（責任者） ··· 156
- (5) 顧客対応、格付見直し ··· 156
- (6) 疑わしい取引の届出 ··· 157

コーヒーブレイク ある金融機関での担当者同士の会話 ················· 162

第 8 章　ケース管理・レポーティング

8 − 1 │ ケース管理の概要
ケース管理とは何か ··· 164
- (1) パッケージ標準のケース管理機能を理解する ······················· 165
- (2) パッケージ製品の想定に応じた組織体制を構築する ··············· 165
- (3) ワークフローの定義 ··· 166

8 − 2 │ 管理レポートの作成
AMLシステムの有効性をどのように確認すればよいのか ········· 168

目　次　11

(1) 把握すべき指標の整理 ······················· 169

(2) 指標を計算するためのデータと集計方法の整理 ··········· 171

(3) 管理レポートの実装 ······················· 172

第 9 章　AMLシステムの有効性検証

9－1 │ AMLシステムの有効性検証の概要
│ AMLシステムの有効性検証はどのように行えばよいのか ········ 176

(1) 計画フェーズ ··························· 177

(2) 実行フェーズ ··························· 179

9－2 │ データガバナンス
│ データが正しいことをどのように証明すればよいのか ·········· 181

(1) データ取得方法の再検証 ····················· 182

(2) 未知のデータへの対応の検討 ··················· 182

9－3 │ 分析環境とデータの準備
│ 有効性検証を行うためにはどのような準備が必要か ············ 185

(1) 分析環境の準備 ························· 185

(2) 分析基礎データの準備 ····················· 185

9－4 │ 顧客リスク格付の有効性検証
│ 顧客リスク格付モデルはどのように見直せばよいのか ·········· 188

(1) 絶対基準の有効性検証のポイント ················· 188

(2) 相対基準の有効性検証のポイント ················· 189

9－5 │ 取引モニタリングの有効性検証
│ 取引モニタリングのシナリオはどのように見直せばよいのか ····· 196

(1) 取引モニタリングにおける課題 ················· 196

(2) シナリオの有効性検証のポイント ················· 197

9－6	フィルタリングの有効性検証

　　フィルタリングはどのように見直せばよいのか ·················· 204

　(1)　フィルタリングで追求すべきこと ······························ 204

　(2)　フィルタリングの有効性検証のポイント ···················· 204

9－7	先進的な技術の活用

　　新しいテクノロジーをどのように使えばよいのか ·············· 210

　(1)　AIによるアラート調査効率化 ······························· 210

　(2)　RPAによる届出業務効率化 ································· 214

　(3)　ネットワーク分析による未知の関係性の調査 ················ 215

コーヒーブレイク　顧客リスク格付モデルに関する疑問 ·············· 218

第10章　AML管理態勢と有効性検証

10－1	3つの防衛線の役割

　　組織の関係性と役割分担はどのようなものか ·················· 222

　(1)　第1線の役割 ··· 222

　(2)　第2線の役割 ··· 223

　(3)　第3線の役割 ··· 225

10－2	職員の採用と研修

　　実効性あるリスク低減を実現するために必要な人材とは ········ 227

　(1)　研修の目的と内容 ··· 228

　(2)　研修の対象となる職員等 ····································· 229

　(3)　研修方法 ··· 229

　(4)　研修計画・実施記録・見直し ································· 229

10－3	第1線・第2線・第3線における有効性の分析・検証

　　3つの防衛線における有効性検証の方法とは ·················· 232

　(1)　第1線の自己検証・検査の例 ································· 232

目　　次　13

(2) 第2線による検証の観点 ………………………………………… 232

(3) 第3線の独立性監査 ……………………………………………… 234

おわりに ………………………………………………………………… 235

〈キーワード解説〉…………………………………………………… 237

〈巻末資料〉
　マネー・ローンダリング及びテロ資金供与対策に関するガイドライン … 241

〈事項索引〉…………………………………………………………… 259

第 **1** 章

AMLプログラムの構築

1−1 マネー・ローンダリングおよび テロ資金供与対策の目的

AML態勢整備は何が実現できたら 成功といえるのか

　本書は、金融機関等がマネー・ローンダリング防止やテロ資金供与対策（AML/CFT）の実現にあたっての参考情報としていただくべく、考え方や方法等を「事例」としてお伝えするものである。

　具体的な事項に入る前に、最初に本章において、目的や枠組み、PDCAサイクルの考え方、経営の関与等について触れておきたい。AML/CFTは全社的な取組みであり、全体像をしっかりと整理・把握して進めることが大切である。

　なお、本書では、マネー・ローンダリングおよびテロ資金供与対策（AML/CFT）について、紙面の都合上"AML"と略称するが、CFT（金融機関等の商品・サービスが、テロ資金供与や大量破壊兵器の拡散に対する資金供与に利用されるリスクについての把握・防止対策等）についても重要であり、本書のAMLの表記はCFTを含むものであることをお断りしておく。

(1) マネー・ローンダリング防止やテロ資金供与対策（AML） の目的

　金融機関等は、預金・貸金・決済機能などの商品・サービスの提供を通じて資金の流れを形づくっている。金融機関等の商品・サービスの提供は、顧客への付加価値や利便性の提供等を目的としているが、悪用されれば、意図せず金融犯罪やテロを実行する手段の一部となり、顧客の資産を脅かし自社の信頼を失うだけでなく、顧客の生活の安心を奪い金融機能への信頼をも損ねることになる。AMLは、顧客の安心や、自社および金融機能の信頼維持

を目的として、経営上の重要なリスク管理の一環として取り組むべき課題と位置づけられる。

(2) 金融機関等の取組みの必要性（AMLに消極的な場合どうなるか）

金融機関等の商品・サービスは、常に悪用のリスクにさらされている。どこにリスクがあるかを見極め（リスク特定）、リスクの所在や大きさを把握し（リスク評価）、対策を講じる（リスク低減）必要がある。

迅速かつ適切に対策を講じない場合、犯罪者や悪用しようとする者からAML態勢が脆弱な金融機関とみられてねらわれることになり、実際に悪用されればレピュテーショナルリスクが顕在化する可能性もある。金融機関の一員として、誰も自社が犯罪の舞台となったり被害が発生したりすることは望んでいない。金融機関は公共性の高い企業として、社会的な責任を遂行する意味でもしっかりとAMLに取り組む必要がある。

また、金融サービスは国境を越えて行われており、海外当局の規制だけでなく、コルレス契約先や外貨資金調達先の銀行のポリシーへの対応を怠ると、海外当局からの処分やコルレス契約等の解除につながることにもなりかねない。さらに、経済制裁が安全保障上も重要な位置づけとなっており、今日AMLに無関係な金融機関は存在しえないだろう。

(3) 金融機関等にとっての共通課題

金融機能を悪用した金融犯罪（詐欺や不正アクセス等）や犯罪収益の移転（資金洗浄等）あるいはテロ資金供与等への対策は、自社の商品・サービスや顧客のリスクをしっかりと把握し、金融機能の提供等においてリスク低減策を講じ、抑止力を働かせることである。

一方で、実際に金融機関の業務やサービスのなかでリスク低減を実現しようとすると、何にどこまで取り組むべきか悩むことも多い。困難さを生み出す要因を見極めつつも、何が有効な対策となるか検討し続ける心構えが求め

第1章 AMLプログラムの構築 3

られる。まず、金融機関を悪用しようとする場合、実行者は真の目的をいかに隠すか腐心して金融機関と取引するのであり、正当な取引か悪用かを判別するのは容易ではない。正当な取引を装いながら、どのような目的で悪用しようとしているのか（犯罪収益の移転か、テロ資金供与か、詐欺か、脱税か、制裁逃れか等）を見通すのは、さらに深度のある調査や日頃のリスク分析の積み重ねが必要となる。また、捜査を経てはじめて違法性が明らかになるケースも多く、取組みが有効だったかの事後検証も一筋縄ではいかない。

監督当局、法令整備、捜査機関、民間（金融機関、ITベンダー、弁護士、コンサル等）の取組みが連携しあい、また金融機関等においてもプラクティスの共有や工夫を重ねていくことで、より有効な対策につながるものと考えられる。

(4) リスクベース・アプローチ

多数の顧客や大量の決済機能を提供している金融機関等では、全顧客や全取引について、詳細な確認や調査を行うと、顧客の利便性の低下や管理負担からサービス維持が困難な状況になる可能性もある。そのため、マネー・ローンダリングやテロ資金供与に係るリスクに応じた統制を実施し、経営資源を効果的に配分すること、すなわちリスクベース・アプローチがAML態勢整備における必須要件となっている。

リスクベース・アプローチの具体策については、第2章以降で述べるが、当局規制やガイドライン（リスク認識）もふまえて、自社のリスク分析を行い、リスクに応じた統制を実施する必要がある。

実効性のあるリスクベース・アプローチの手法の確立は、お客さまへ金融サービスを持続的に提供し、自社が発展していくうえで必要なステップであることを全社的に理解したうえで、確実に取組みを進めていきたい。顧客や商品・サービス等について、リスク領域ごとのリスク評価の手法が確立していない場合は、悪用事例が発生したときに、該当の商品・サービスの提供そのものを停止せざるをえなくなる事態も考えうる。日頃からのリスク把握と

統制策を全社的に整備していることが、円滑な業務運営にもつながると思われる。

参考 マネー・ローンダリング及びテロ資金供与対策に関するガイドライン

Ⅰ 基本的考え方

Ⅰ－1 マネー・ローンダリング及びテロ資金供与対策に係る基本的考え方

（略）

　金融システムは、各金融機関等が行う送金・決済・振替等の様々な機能が集積して資金の流れを形成し、ネットワークを構築しているものであり、金融システム全体の健全性を維持するためには、金融システムの参加者たる個々の金融機関等において、その業務や金融システムにおける役割に応じ、堅牢な管理態勢を構築・維持することが不可欠である。

（略）

　特に、国際社会がテロ等の脅威に直面する中で、マネロン・テロ資金供与対策の不備等を契機として、外国当局より巨額の制裁金を課される事例や、取引相手である海外の金融機関等からコルレス契約の解消を求められる事例が生じるなど、マネロン・テロ資金供与対策に対する目線が急速に厳しさを増していることには、留意が必要である。

（略）

　なお、テロ資金供与対策については、テロの脅威が国境を越えて広がっていることを踏まえ、金融機関等においては、テロリストへの資金供与に自らが提供する商品・サービスが利用され得るという認識の下、実効的な管理態勢を構築しなければならない。

（略）

　このほか、大量破壊兵器の拡散に対する資金供与の防止のための対

第1章　AMLプログラムの構築　5

応も含め、外為法や国際連合安全保障理事会決議第1267号等を踏まえ我が国が実施する国際テロリストの財産の凍結等に関する特別措置法（国際テロリスト財産凍結法）をはじめとする国内外の法規制等も踏まえた態勢の構築が必要である。

（以下略）

参考　犯罪による収益の移転防止に関する法律

第1章　総則

（目的）

第1条　（略）

　犯罪による収益の移転防止を図り、併せてテロリズムに対する資金供与の防止に関する国際条約等の的確な実施を確保し、もって国民生活の安全と平穏を確保するとともに、経済活動の健全な発展に寄与することを目的とする。

1-2 ▶ AMLプログラムの概要

AMLにおいて実現すべき事項とは

　金融機関等においては、AML態勢について「AMLプログラム」として、多面的かつ全社的に、統制の組織体制やポリシー・規定等の整備を行う。

　「AMLプログラム」とは、AML態勢整備に係る枠組み（フレームワーク）であり、リスクベース・アプローチの全体像ともいえる。継続的にAML態勢整備を行っていくにあたり、社内共通の枠組みで課題や施策を検討していくことで、網羅的で全体感・連続性のあるリスク把握が可能となる。以下、第2章以降での実務対応の説明に先立ち、各項目の位置づけや関係性の概略を述べるが、各金融機関等においては、内外当局のガイドライン等を参照したうえで各項目を整理し検討されたい。

(1) AMLプログラムの項目

　まず、上位規程としての統一的で体系だったポリシー等や、経営の関与や全社的な取組みを可能とする仕組みが必要となる（「ガバナンス」）。そして、内外のリスク環境を分析し、リスクベース・アプローチの基礎となる「リスク評価」を行い、その結果に基づき、「顧客管理措置」を実施し、リスク低減を図る。適切な運用のため、職員の「採用・研修」の充実も重要である。また、網羅的なリスク把握や有効な低減措置のためには、「記録・IT活用」が欠かせない。さらに、各種規定や施策の運用状況や、内外環境が変化するなかで実効性が確保できているか「監視」を行い、PDCAサイクルを機能させる必要がある。また、「外部連携」により、官民連携して対策を高度化し、国全体としての犯罪防止態勢を構築する。

第1章　AMLプログラムの構築　7

⑵　AMLプログラムのねらいと実効性

　前項で述べたように、AMLプログラムの目的は、金融機関等の商品・サービスが悪用されないように、どこにリスクがあるかを見極め、リスクの所在や大きさを把握し、対策を講じることでリスク低減を図ることである。

　そのために、経営陣に正しくリスク状況を報告し、PDCAサイクルを迅速に回転させ、リスクを抑止する事務システムを構築し、継続的に機能させていく。またその統制が、ポリシーと整合性をもっており、有効性が系統的かつ数値的に示せることが必要である。

　対策の構築においては、法令対応にとどまらず、当局ガイドラインや、各方面から提供されるリスク情報や対応事例を参照して検討することになる。犯罪の傾向やリスク状況、つまり対応すべきターゲットは常に変化することから、自社リスク（新戦略の方向性や、顧客層の変化を含む）や犯罪傾向、金融機関等の業界動向、地政学的要因について情報収集し、前広に対策を検討することが、円滑な態勢見直しにつながる。特に、システムインフラを伴うAMLの高度化は数年単位の期間が必要とされることが多いため、プロアクティブ（積極的）な計画策定が、中期的な観点で効率的な経営資源の投資につながるだろう。

図表１−２−１　AMLプログラムの高度化のステップ

形式的に提示された要件（法令やガイドラインで明示された条件）を満たしている段階

自社リスクを把握し、自社リスクに対応するリスク低減策が講じられている段階

内外の犯罪傾向や規制にプロアクティブに対応している段階

事例

AMLプログラムの概要（イメージ）

（実際は細目が設けられるが、理解に資するために、実現すべき事項の一部を
例として記載するもの）

ガバナンス	経営関与	□リスク評価書やAMLプログラム策定に経営陣が参加し議論されている。
	ポリシー・手続	□上位ポリシーが公表されている。 □リスク評価書やAMLプログラムの枠組みをふまえて、リスク低減の方針が定められている。
	人員配置・評価	□適正に人員が配置されている。 □業績評価などの評価体系にAMLの取組みが反映されている。
	グループ管理	□グループが統一的なポリシーで統制され、リスク評価が全社的に集約されている。
リスク評価		□内外の環境の変化が反映されている。 □計量的にリスクが把握されている。 □統制状況をふまえた残余リスクが把握されている。 □商品・サービスや顧客の属性などが網羅的にとらえられている。
顧客管理措置	顧客受入方針	□商品・サービスごとに謝絶・解約対応を含む手続が定められている。 □リスク評価書をふまえた、全体の統制方針が明文化されている。
	カスタマー・デュー・ディリジェンス（CDD）、EDD	□新規先や取引時の受付方法や、既存先の継続的顧客管理の手続が明文化されている。 □ハイリスク先やハイリスク取引について、追加的な管理措置が実施されている。

第1章　AMLプログラムの構築　9

	フィルタリング	□ポリシーに基づいたフィルタリングが実施され、取引の見直しやリスク評価に反映されている。
	取引モニタリング	□ポリシーに基づいた取引モニタリングが実施され、取引の見直しやリスク評価に反映されている。
	コルレス先管理	□コルレス先のリスク評価が行われ、リスクに応じたモニタリングや取引見直しが実施されている。
採用・研修	採用	□採用基準において、AMLの観点で必要なフィルタリングが行われている。
	研修	□研修が、役員から担当者まで各階層に実施され、周知とルールの定着が図られている。
記録・IT システム活用	情報記録	□顧客管理に必要な情報が記録され、データベースが構築・活用されている。
	ITシステム活用	□十分な統制を行うため、ITシステムが活用されている。 □データガバナンスやモデル管理が実施されている。
監視	第2線モニタリング	□リスク把握の観点から、第2線でモニタリングが実施されている。
	独立性監査	□独立性のある監査によりPDCAサイクルと統制の有効性が検証されている。
外部連携	疑わしい取引届出	□適切かつ迅速に「疑わしい取引届出」がなされている。
	説明責任	□当局や対外機関に説明できる体制（文書化や運用）となっており、責任者が任命されている。
	外部ネットワーク	□外部の情報を積極的に取り入れている。 □AMLに係るコミュニティ（官民連携）に貢献している。

1-3 ▶ AMLプログラムのPDCA

継続的に課題対応を進めるには、どこから着手するのか

　AMLの取組みを進めるにあたっては、AMLプログラムの枠組みに基づいて課題を洗い出し、全方位的に取り組む必要がある。ただし、AMLプログラム各項目の課題を別々に検討すると、リスク低減がうまく働かないことがある。なぜなら、各項目は相互に前後関係があるからである。AMLプログラム全体を俯瞰しながらPDCAを継続実施することにより、実効性を向上させることができる。

(1) 課題設定

　各社では、自社の商品・サービスの悪用事案や疑わしい取引が判明すれば、発生原因や統制の十分性を確認し、再発防止に向けた対策を講じることになる。具体的な発生事案が認識されていないとしても、内外の当局のガイドラインや犯罪収益移転危険度調査書、あるいは犯罪傾向等をふまえて、潜在的なリスクを分析することにより、自社の脆弱性を認識することも必要である。

　当局のガイドラインは随時更新される性質のものではあるが、当該ガイドラインに記載されていることだけを実施すればよいのではない。当局等から発信される先進的な事例等について適宜情報収集し、AMLの高度化につなげることも有益である。

　主体的に自社のリスク分析を行い、どのようにPDCAサイクルを回すか、そのサイクルのゴールはどこをターゲットにすべきか、そのためにはどのような経営資源や新しいルール策定が必要なのか、等を常に検討し続けること

第1章　AMLプログラムの構築　11

が、"AML"業務そのものとなる。

(2) AMLプログラムの各項目の関係性

　図表１－３－１（以下、「らせん図」と呼ぶ）は、AMLプログラムの各項目の相互関係をイメージとして示したものである。まず全社的なAMLプログラムの枠組み構築やリスク評価を実施し、最終的には顧客対応つまり「個々の取引」において適切に判断・対応することで、真のリスク低減・犯罪防止を目指すことを意識したものである。さらに、顧客対応をして終わりなので

図表１－３－１　金融機関の実務対応としての、AML態勢整備のらせん図

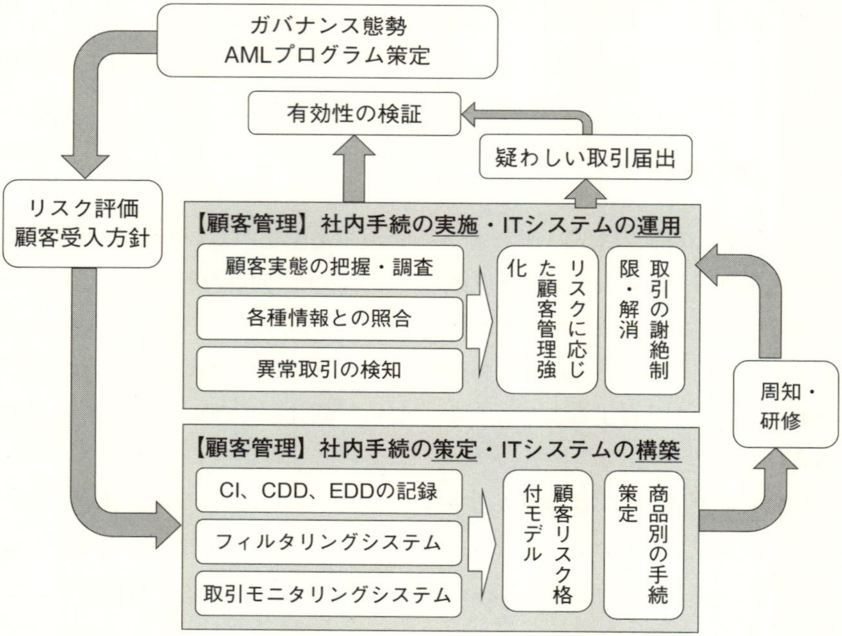

CI：Customer Identification、本人特定
CDD：Customer Due Diligence、顧客属性等の把握（顧客対応も含めたリスク低減措置の流れ全体を指すこともある）
EDD：Enhanced Due Diligence、ハイリスクな顧客や取引に対し追加的な確認・調査を行うこと

はなく、実施状況を振り返り（有効性の検証）、新たな課題が認識されれば、その課題を経営陣とも共有し（ガバナンス）、あらためてAMLプログラムの見直しを行う。つまり、何度もらせんを回していくことで（いわゆるPDCAサイクル）、AML態勢の有効性を維持・向上させていくのである。

AML態勢整備においては、部分的に対策を講じても、ある項目ができていないと次の項目の実効性が生まれない、という前後関係がある。実際の対応のなかでは、順番が相前後する場合もあるだろうが、いずれかの項目を高度化すると他の項目も同時に整備しないと、継続的かつ有効な仕組みにならない可能性があることに留意したい（事例参照）。

(3) AMLプログラムの有効性

「有効性の検証」は、顧客対応や疑わしい取引の届出等が、本当にリスク低減につながっているのかを振り返る作業である。策定したポリシーや手続を実施したからといって、その統制策が自社リスクに対応しているものでなければ、リスクは低減されない可能性がある。つまりPDCAサイクルのPが間違っているということがありうる。

各項目の実現状況（前項の事例参照）を確認することも大切であるが、本当に犯罪や悪用が排除できているかを検証するには、現場での気づきや外部情報（新たな犯罪手口や規制など）を集約・社内共有し、同様の事象が発生していないか、常に緊張感をもって目を光らせる（検知する）ことが重要である。

(4) AMLプログラムのステップアップ

AMLプログラムの高度化は、全項目に対応していくことになり施策は広範囲に及ぶため、一度に対策が進まない場合もあるかもしれない。

"らせん"構造（相互関係）を意識して、各項目を順番にステップアップしていくことで、高度化を進めることが可能となるだろう。登山にたとえるなら、らせん状の山道を自分の足で歩いて着実に登っていく感覚であり、一気にヘリコプターで頂上まで上がるようなことはできない。

第1章　AMLプログラムの構築　13

ポイント　らせん図の関係性

◆１つのサイクルとして

・各項目は、前後関係となっている。

・どの項目が抜けても、循環が成立しない（実効性あるリスク低減策とならない）。

◆ステップアップ

・最後（有効性の検証）まできたら、最初（ガバナンス・AMLプログラム策定等）に戻る。

・継続して各々の項目を高度化することで、高度化が実現する。

事例

■"らせん"がつながっている対応例

・顧客受入方針を策定→全社的にリスクを把握→統制強化を目的として事務フローを見直す→システム導入により網羅的で効率的な統制を図る

→研修→取引受付時等のチェック→ハイリスクな取引を追加調査（EDD）し、必要に応じて謝絶

→有効性を検証

■"らせん"がつながっていない対応例

・顧客受入方針をつくった→リスク評価が一部の商品しかなされていない

→評価対象外だった商品には受付時のマネロンリスク確認の手続がない

→ハイリスク顧客であるにもかかわらず、認識がないまま取引が拡

大した

・顧客受入方針をつくった→研修が不十分→現場で適切な顧客対応がなされない

■ **実現の順番は前後しているが、最終的に"らせん"がつながっている対応例**

・顧客リスク格付システム導入を検討

→データが足りないことが判明しデータ整備を実施

→システム稼働までにポリシーや手続を策定

→運用開始→ハイリスクな取引を追加調査（EDD）し、必要に応じて謝絶

→有効性を検証しシステムチューニングの実施や事務管理を強化

→チューニング後のシステムにより顧客リスク分布を把握しリスク評価書に反映

参考　**マネー・ローンダリング及びテロ資金供与対策に関するガイドライン**

Ⅲ　**管理態勢とその有効性の検証・見直し**

Ⅲ－1　**マネロン・テロ資金供与対策に係る方針・手続・計画等の策定・実施・検証・見直し（PDCA）**

　金融機関等において、実効的なマネロン・テロ資金供与リスク管理態勢を確立し、有効に機能させるためには、マネロン・テロ資金供与対策の方針・手続・計画等を整備し、全社的に共有を図ることが必要である。

　こうした方針・手続・計画等は、金融機関等におけるリスクに見合った対応の実効性を確保するためのものであり、これらの方針・手続・計画等の中で、自らの規模・特性等を踏まえながら、リスクの特定・評価・低減という一連の対応を明確に位置付ける必要がある。

第1章　AMLプログラムの構築　15

また、金融機関等においては、こうした方針・手続・計画等の実効性を検証し、不断に見直しを行っていくことが求められる。（以下略）

1-4 経営陣の関与

経営陣が関与する仕組みとは

(1) 全社的なマネロンリスクの把握・認識

　金融機関の多面的な経営リスクにおいて、マネロンリスクへの対応は、潜在的なリスクを把握することが始点となる。ややもすると、形式的な規制充足度や個別事案の対処に焦点が置かれがちであるが、AMLは金融犯罪や規制回避等の抑止であり、真の実行者は姿を隠そうとし真の資金源を隠匿するものであるから、国の犯罪収益危険度調査書や内外の環境をふまえて、潜在的なリスクを把握する必要がある。

　リスク評価やフィルタリング、取引モニタリング等を含むAML態勢が不十分である場合、自社の潜在リスクについて、定量的な分析やリスク状況の把握ができず、経営陣に適切な報告がなされないため、結果として経営陣が自社のマネロンリスクを十分に理解していない、という事態になりかねない。

　マネロン専門部署を中心として、リスクの特定・評価をしっかり行い、定期的に経営陣に報告し、自社のマネロンリスクの状況を、組織として共有する必要がある（詳しくは第2章参照）。

(2) AMLプログラムの使い方（全社的なリスク管理）

　マネロンリスク低減には、推進部門、人事部門、IT関連部門などを含め関係部署が連携して取り組む必要がある。また、AMLプログラムの評価や見直しに経営陣が関与し、経営陣から関係部署に対して、組織横断的な取組

第1章　AMLプログラムの構築　17

みを指示することが重要である。

　前項でも述べたとおり、AML態勢整備は長期にわたって取組みを進めていくものである。AMLプログラムの枠組みや項目ごとの課題を全社的に共有することで、経営レベルで継続的なリスク管理を行っていく土台となるだろう。

　定期的な議論・報告の場としては、コンプライアンス委員会や経営会議、取締役会等が考えられるが、各社のリスク管理の体制をふまえて、上位ポリシーで規定しておくことが望ましい。

ポイント　マネロンリスク認識の共有と経営陣の関与のための留意点

・リスク評価書や事例により、経営のマネロン理解を醸成すること。
・各項目について、現時点の課題と対応策を具体化し（実施しない場合のリスクと、複数の実現方法を示す等）、経営レベルで議論する。
・経営陣は、実現に必要な資源の配分を行う。

---

(3)　経営陣、全部署の参画を得るために

　AML態勢整備は、顧客受入方針などのポリシー策定から、事務システムの対応、現場の顧客応対まで含むものであり、各部門と十分協議しながら検討を進める必要がある。したがって、全社的な見直しを検討する場合は、関係部署で協議体（ワーキンググループ）を組成し、各課題の責任者を明確にして進めることもある。関係部署間で連携して施策を実施することで、現場の混乱を回避し、顧客サービスを円滑にするためである。

　しかし、協議体をつくればうまく連携できるというものでもない。リスク管理の観点だけでなく、運用のフィージビリティや戦略との連携も十分考慮したい。リスク管理手続だけ強化しても、現場でうまく運用されない結果となることも十分ありうるからである。

> **！ポイント　リスク低減策検討における留意事項**
>
> 　リスク管理の観点だけでなく、運用のフィージビリティや戦略との連携を図る。
>
> 〈例〉
> ・現場の顧客対応について、十分な支援体制を講じる。
> ・現場の効率化、円滑な対応が可能な方策を考える。
> ・推進部署と連携する（新戦略の商品設計におけるマネロンリスク統制の考慮等）。
> ・顧客管理強化における顧客情報の充実を、データの全社的な活用につなげる。
> ・業績評価等に反映させる（十分なリスク低減が実現した場合にプラス評価）。

参考　マネー・ローンダリング及びテロ資金供与対策に関するガイドライン

Ⅰ　基本的考え方

Ⅰ－2　金融機関等に求められる取組み

(1)　マネロン・テロ資金供与リスク管理態勢

　（略）

　　また、時々変化する国際情勢や、これに呼応して進化する他の金融機関等の対応等を踏まえて機動的にリスクに見合った措置を講ずるには、個別の問題事象への対応のみにとどまらず、フォワード・ルッキングに、態勢面の見直しの必要性も含めて幅広い検証を行い、経営陣の関与・理解の下、組織全体として実効的な管理態勢の構築を行うことも重要である。

第1章　AMLプログラムの構築　19

（略）

Ⅲ　管理態勢とその有効性の検証・見直し

Ⅲ－2　経営陣の関与・理解

　金融機関等のマネロン・テロ資金供与リスクは、自らの経営戦略等を踏まえた業務運営により増減するものであり、その評価は、経営戦略全体の中でのリスク許容度、資源配分方針の検証・見直し等の一環として、考慮・検討されるべきものである。

（略）

　さらに、経営陣がこうしたリスクを適切に理解した上でマネロン・テロ資金供与対策に対する意識を高め、トップダウンによって組織横断的に対応の高度化を推進し、経営陣として明確な姿勢・方針を打ち出すことは、営業部門を含めた全役職員に対しマネロン・テロ資金供与対策に対する意識を浸透させる上で非常に重要となる。

（以下略）

第 2 章

マネロンリスクの
特定・評価

2-1 ▶ マネロンリスクの特定・評価の目的

全社的なマネロンリスク評価への
経営陣の関与とは

(1) マネロンリスク評価の目的とAMLプログラムにおける位置づけ

　「マネロンリスクの特定」とは、当局のガイドラインや経済制裁等をふまえ、マネロン事案の発生の可能性の高い属性や取引傾向をリスクとして認識し、自社の顧客や商品・サービスなどを網羅的に分析して、マネロンリスクにつながる観点を洗い出すことである。また、「マネロンリスク評価」とは、リスク特定に基づいて、ある時点での自社のマネロンリスクの性質やリスク量を、全社的に把握することである。把握したリスクについては、文書化し（以下、「リスク評価書」と呼ぶ）、自社のマネロンリスクに関する組織の共通認識とする。

　これらの一連の取組みは、リスク評価書を作成することが目的ではない。評価に基づいて、自社のリスクに対する適切な低減策を講じることが本来の目的である。

　前章のAMLプログラムのPDCAの項では、AMLプログラムの各項目の相互関係をらせん図で示した。まず、マネロンリスクの特定・評価は、リスク低減策の手前に位置している。網羅的・全社的に分析を行ったうえで、特定・評価されたリスクに応じて、統制のための顧客管理手続やシステムを構築する。それに基づいて、顧客の確認や取引の調査を行い、リスクの高い顧客や取引について追加的な措置や取引見直しを行うことで、リスク低減を実現する。

さらに、研修や経営報告にも活用する等の方法で、リスク評価書に記載したリスク評価の観点を組織として共有していれば、新たなリスクが判明した場合でも、迅速に関係部署と対応策の検討に入ることができよう。

(2) マネロンリスク評価の見直し（PDCA）

また、日々のリスク低減策の実施結果をふまえて有効性検証を実施することで、自社のリスク認識を修正することが可能となり、リスク評価書の見直しにつながる。これは、AMLプログラムのらせん図において、顧客管理措置や有効性検証の後につながるものである。

さらに、実務の観点では、現場が個別事案に対応するなかで、新たな手口や自社の統制の不十分性等に気づく場合がある。それらをリスク特定に反映させ、その観点であらためて全社的に商品・サービスのリスク評価を行うことで、自社が直面しているリスクの低減に資することもある。金融犯罪やマネー・ローンダリング等への対応は、金融決済機能の悪用という目にみえない外部からの攻撃に対する戦いであり、戦ってはじめて相手の姿や自分の弱点がみえてくることもある。

このように、AMLプログラムの"らせん図"は、リスク低減や有効性検証が再びリスクの特定・リスク評価（始点）につながることで、PDCAサイクルが機能し、自社リスクに対応したリスク管理強化を図ることを可能とする。

事例

- ■**ケース**……本部で疑わしい取引の届出の分析を行ったところ、振り込め詐欺に利用されたおそれのある口座（不正利用口座）の届出件数が増加した。
- ■**仮説**……件数の増加は外部環境（全国的な振り込め詐欺の増加）が要因かもしれないが、全金融機関内の比率が上昇したのであれば、内部環

第2章　マネロンリスクの特定・評価　23

境の変化（新たなチャネル等）や、相対的な統制策、検知の脆弱性が原因かもしれない。

リスクの特定	外部環境の分析…犯罪手口の変化や全国的な発生状況の情報収集をする。 内部環境の分析…現場でも最近の振り込め詐欺の手口の変化や、不正利用につながる口座申込者の傾向の変化に気づいているとしたら、それらの情報を集約し、リスクポイントを見極める。
自社のリスク評価	類似する属性の顧客分布や、同様の取引類型について、全社的に分析し、該当する率や件数などを把握する。
リスク低減策の見直し	リスクが増大している場合は、顧客リスク区分のロジックやシステムの検知シナリオを追加するなど、新たなリスクに迅速に対応できるよう統制策を修正する。 有効性分析…一定期間実施したら、発生が抑えられているか検証する。
リスク評価書の見直し	新たなリスク状況や、見直し後の統制策をふまえた残余リスクについてリスク評価書に記載する。

(3) 自社リスクを表す文書（リスク評価書）

　リスク評価書では、内外環境（規制や犯罪傾向、自社戦略等）、自社の顧客特性や取引状況を客観的に確認し、自社のマネロンリスクの特性や残余リスクをとらえて記載する。リスク評価書を通じて、全社的にリスク認識を共有することで、迅速で一貫性のあるリスク低減策につなげることができる。そのためにも、リスク評価は、第1線である商品・サービス所管部署が参画することが望ましい。たとえば、リスク評価手続を策定し、第1線が1次評価して、第2線が評価部署に具体的なリスクや統制をヒアリングしながら2次評価を行う。あるいは、第2線が1次評価し、第1線にヒアリングしながら修正を行う、等の方法もある。

⑷　なぜ「自社リスク」なのか

　業態や地域ごとにさらされているマネロンリスクは異なり、統制も各社で異なることから、どれだけ抑止や排除ができているか（残余リスク）は相違する。

　リスク評価書の作成にあたっては、国が作成した「犯罪収益移転危険度調査書」を参照するが、それだけでは不十分である。たしかに、日本の金融機関のサービスには商品性が類似するものも多くあり、類似するサービスに関しては、固有リスクが共通しているかもしれない。また、悪用しようとする者は、場所を限定せず存在し、あまねく日本の金融機関をねらっているのであれば、防御すべき手口も共通することが多いだろう。

　しかし、「犯罪収益移転危険度調査書」は、特定事業者において幅広くみられる傾向やリスクを示すものであり、地域性や業態ごとあるいは自社の業務の特性や顧客層によってもリスクは異なる。よって、自社のリスクを包括的かつ具体的に分析する必要がある。

⑸　経営陣の関与

　自社のリスク状況を適切に経営陣へ報告し、経営陣は、正しいリスク認識をふまえた経営資源配分につなげる必要がある。また、リスク低減策の見直しは、多くの部署が連携する必要があり、現場や本部、監査部門を含め、全社的な取組みを指示することも重要である。

　また、経営陣は、リスク評価の結果（残余リスクの大小）だけではなく、プロセスの適切性にも関心をもつ必要がある。十分にリスク低減措置や疑わしい取引の届出を行っていない金融機関のリスク評価書は、自社の潜在リスクを十分に把握できていない可能性があり、リスク評価書も、リスク実態を過小に評価している懸念がある。その場合、リスク低減策強化や資源配分が適切に行われず、さらにリスク管理が脆弱なものとなる悪循環に陥る。それを回避するために、経営陣は、最新の外部環境・内部環境におけるマネロン

第2章　マネロンリスクの特定・評価　25

リスクを理解し、それらがリスク特定に反映されていることを確認し、特定されたリスクを把握・集計する仕組みの整備を指示することも必要となる。

　適切なリスク評価書を作成することで、経営のメンバーが変わっても、一定の枠組みで継続的なマネロンリスクの理解が引き継がれる。また、当局やFATF等、対外的な説明責任を果たすべき場面において、全社的なリスク把握を示す文書ともなるのである。

| 参考 | **マネー・ローンダリング及びテロ資金供与対策に関するガイドライン** |

※下線は筆者

Ⅱ　リスクベース・アプローチ

Ⅱ－2　リスクの特定・評価・低減

(1)　リスクの特定

　（略）

　包括的かつ具体的な検証に当たっては、<u>社内の情報を一元的に集約し、全社的な視点で分析を行う</u>ことが必要となることから、マネロン・テロ資金供与対策に係る主管部門に対応を一任するのではなく、経営陣の主体的かつ積極的な関与の下、<u>関係する全ての部門が連携・協働して</u>、対応を進めることが必要である。

　（略）

(2)　リスクの評価

　（略）

　また、<u>リスクの評価は、リスク低減措置の具体的内容と資源配分の見直し等の検証に直結する</u>ものであることから、<u>経営陣の関与の下で、全社的に実施する</u>ことが必要である。

【対応が求められる事項】

④　定期的にリスク評価を見直すほか、マネロン・テロ資金供与対策に重大な影響を及ぼし得る新たな事象の発生等に際し、必要に応じ、<u>リ</u>

スク評価を見直すこと

⑤　リスク評価の過程に経営陣が関与し、リスク評価の結果を経営陣が承認すること

参考　**犯罪による収益の移転防止に関する法律施行規則**

（取引時確認等を的確に行うための措置）

第32条　法第11条第4号に規定する主務省令で定める措置は、次の各号に掲げる措置とする。

一　自らが行う取引（新たな技術を活用して行う取引その他新たな態様による取引を含む。）について調査し、及び分析し、並びに当該取引による犯罪による収益の移転の危険性の程度その他の当該調査及び分析の結果を記載し、又は記録した書面又は電磁的記録（以下この項において「特定事業者作成書面等」という。）を作成し、必要に応じて、見直しを行い、必要な変更を加えること。

二　特定事業者作成書面等の内容を勘案し、取引時確認等の措置（法第11条に規定する取引時確認等の措置をいう。以下この条において同じ。）を行うに際して必要な情報を収集するとともに、当該情報を整理し、及び分析すること。

三　特定事業者作成書面等の内容を勘案し、確認記録及び取引記録等を継続的に精査すること。

（注）　本書では、マネロン・テロ資金供与対策に係るリスクの特定・評価を、「マネロンリスク特定」「マネロンリスク評価」（もしくは単に「リスク評価」）と呼び、リスク評価結果を文書化したものを「リスク評価書」と呼ぶ。

第2章　マネロンリスクの特定・評価　27

2-2 マネロンリスクの分析

マネロンリスクの4領域（顧客属性、国・地域、商品・サービス、取引形態）をどうとらえるか

（1）リスク特定

　リスクの特定にあたっては、まず、外部環境（マネー・ローンダリング事案や金融犯罪の最新の傾向および経済制裁等の状況等）をふまえて、金融機関を取り巻くマネロンリスクの状況を把握する。なかでも、国のリスク評価書である「犯罪収益移転危険度調査書」は、本邦における犯罪事案の傾向や、特定事業者の商品・サービス等におけるリスクの所在を示しており、多くの金融機関が共通してさらされているリスクであることから、十分にふまえておく必要がある。すなわち、いったんはそれらのリスクが自社にもあると想定して分析し、顧客受入方針やリスク低減策あるいは業容から同様のリスクが自社には及ばないと合理的に説明がつく場合のみ、リスク特定から除外することが可能であろう。

　また、内部環境については、自社の営業地域特有のリスク（顧客の属性傾向や業種のマネロンリスク等）、あるいは自社で発生した事案や「疑わしい取引の届出」の傾向について考慮が必要となる。さらに内部環境の変化である、自社戦略や営業基盤・顧客チャネルの変化があった場合は、新たなリスクを含有している可能性があることから検証が必要となる。

　たとえるなら、健康診断では、多様な検査項目を設けることで隠れた不調を発見するように、まずは予断をもたずリスク特定（マネロンリスクの可能性のある項目の洗い出し）を行うことがスタートとなる。

(2) リスク評価

上記のリスク特定に基づき、自社の顧客や商品・サービス等について、該当性の有無と、そのボリューム（取引量・件数・金額等）を収集する。リスク特定の内容によってマネロンリスクに高低があり、さらにボリュームによって、リスクが顕在化した場合のインパクトや発生の可能性が異なってくる。

さらに、その顧客や商品・サービス等のカテゴリー自体について固有リスク量が大きいとしても、顧客受入方針（新規先の確認や既存先のモニタリング等）が厳格であれば、悪用につながるような顧客や取引が抑止され、残余リスクは低減される。

固有リスク（リスクの高低×ボリューム）－統制（リスク低減策）＝残余リスク

(3) マネロンリスクの４領域

金融機能を悪用しようとする者は、すぐにそれとわかるような方法で利用することはない。発見されないために正当な実行者や正当な取引を偽装するものである。

金融機関は多数の取引を扱っており、すべてを詳細に把握することは困難であるなかで、リスクの高い領域、つまり悪用の発生可能性の高い領域について深度ある確認を行い、統制を強化することでリスクの低減を図る（リスクベース・アプローチ）。悪用の手口や、利用される商品・サービスが変化するため、各領域のリスク項目も変化する。

つまりマネロンリスクは、固定的・形式的なルールでチェックできるものではない。４つの領域のリスクを常に見直し、総合的にリスク評価していくことになるが、以下、考え方を述べてみたい。

第２章　マネロンリスクの特定・評価　29

⑷ 顧客属性リスク

① リスク項目

顧客属性リスクについては、「犯罪収益移転危険度調査書（平成30年12月）」に以下の記載がある。

第4　危険度の高い取引

3　顧客の属性と危険度　より抜粋

・反社会的勢力（暴力団等）　・国際テロリスト（イスラム過激派等）

・非居住者　・外国PEPs　・実質的支配者が不透明な法人

また、内外当局の発信しているガイドラインや事例紹介も参照されたい。金融庁のガイドラインでは、テロ資金供与対策に関連して、非営利団体について言及されている。

Ⅰ－1　マネー・ローンダリング及びテロ資金供与対策に係る基本的考え方　より抜粋

　例えば、非営利団体との取引に際しては、全ての非営利団体が本質的にリスクが高いものではないことを前提としつつ、その活動の性質や範囲等によってはテロ資金供与に利用されるリスクがあることを踏まえ、（以下略）

さらに、自社の「疑わしい取引の届出」の実績等をふまえ、リスクの高い顧客の属性（業種、国・地域、取引類型など）について傾向を分析し、リスク項目として設定する。

② 顧客属性リスクの評価手法および評価結果に基づくリスク低減策

顧客別のリスク評価は、上記の顧客属性の観点だけではなく、取引状況を含め、マネロンリスクの4領域について、総合的に評価する。顧客属性リス

クの評価手法は第6章第4項から第6項、顧客リスク区分に応じたリスク低減策については同章第1項から第3項および第7項を参照されたい。

　なお、一定の業種や国・地域等に該当した場合等において、一律に排除すること（デ・リスキング）のないよう留意が必要である。ハイリスクと定義したカテゴリーに属しているとしても、あくまでも相対的にマネロン等の可能性が高いということを意味する。したがって、該当した事項によってどのような悪用等のリスクがあるのかを理解し、そのリスク内容に応じた追加調査を経て取引を見直す等、適切なリスク低減策が求められる。

(5)　国・地域リスク

　クロスボーダー取引（国境を越えた取引）は、取引相手の実態把握が、国内に比べてむずかしいことが多いことから相対的にリスクが高く、また地政学的にリスクの高い国・地域も考慮が必要である。

①　評価対象

・顧客の国籍・居住国・拠点・営業地域

・顧客の取引先（商流、送金相手等）

・外為取引における送金相手国・原産地・寄港地・最終消費国等

②　評価指標の例

・FATFによる公表

　High-risk and non-cooperative jurisdictions（FATFメンバー等に対抗措置や厳格な顧客管理が求められる国・地域）

　Improving Global AML/CFT Compliance: on-going process（改善継続実施中の国・地域）

　FATF相互審査結果、等

・租税回避地（タックスヘイブン）

・テロ地域、麻薬や人身売買に係る指数

・贈収賄に係る指数（国の腐敗指数）

・国連安保理決議や各国の経済制裁にかかわる国・地域

③ 評価方法

　各指標を、絶対基準（その指標に該当したらＨやＭとなる）および相対基準（スコアリング）に反映させ、総合的に個々の国・地域をリスク評価し、リスク区分（Ｈ＝ハイ・Ｍ＝ミディアム・Ｌ＝ロー等に区分）を行う。

④ **評価結果に応じたリスク低減策の例**

・ハイリスクの国・地域に居住する顧客あるいはハイリスク地域との商流を有する顧客は、顧客リスク格付をハイリスクとし、資金源や取引内容の追加確認、取引制限、あるいは取引モニタリングの抽出基準（シナリオ）の強化を行う。

・ハイリスクな国・地域を相手国とする外為取引は、取引モニタリングの抽出基準（シナリオ）の強化を行い、追加調査を行う。

（6）　商品・サービスリスク、取引形態リスク

① **固有リスク**

　まず、自社の商品・サービスを洗い出し、資金や価値の移動の伴うもの、および犯罪収益の隠匿につながる可能性がある等、マネー・ローンダリング等に利用される可能性のある商品・サービスについて、各々の固有リスクについて評価する。マネー・ローンダリングに利用されやすい手段かどうかは、「犯罪収益移転危険度調査書」もふまえて、たとえば以下の観点により評価する。

・匿名性（現金取引、仮想通貨取引）

・移転の容易性

・非対面取引（第三者利用が判明しづらい）

・海外取引（移転先、移転元が把握しづらい、資金トレースが困難）

・貿易金融の品目がDual-Use Goods等（大量破壊兵器やその開発、通常兵器、軍事用品等に転用可能な品目等）である。

> 「犯罪収益移転危険度調査書（平成30年12月）」
> 第3　商品・サービスの危険度1(1)ア　より抜粋
> ・預貯金口座（犯罪収益の隠匿、口座売却、多額現金取引等）　・預金取
> 引　・内国為替　・貸金庫　・手形小切手（多額の移動が容易な手段）
> 等

②　リスク評価

　固有リスクを評価し、取引ボリュームを勘案したうえで、自社のリスク低減策（統制レベル）を勘案し、残余リスクを評価する。統制レベルを勘案するのは、数値での評価はむずかしいが、評価時点で悪用事例が判明していない、あるいは「疑わしい取引の届出」実績がない場合でも、リスクと統制を慎重に検証し、潜在的なリスクがあると考えられるなら、予防的に評価すべきである。

　また、商品性が類似しているとしても、受付方法や確認事項や限度額等の条件が違うなら、犯罪利用の可能性は変わってくる。また、事後監視や検知方法が厳格であれば、検知されやすいところを犯罪者は避けることから潜在リスクは低減されているだろう。

　たとえば、還付金詐欺の増加に対応するために、高齢者のATM振込を制限して送金のリアルタイム検知をしていれば、還付金詐欺の発生は抑止できているかもしれないが、実はその一方で店頭窓口の現金振込でマネー・ローンダリングが行われているかもしれない。その場合、対策を強化しないといけないのは店頭受付、ということになる。

　たとえるなら、風邪が流行っているといっても、人込みを避けて栄養休息をとり、手洗い・うがいをしっかりしていれば風邪にはかからないかもしれない。しかし、実は風邪はひいていないが、ケガをして血が流れている（ことに気づいていない）可能性がある。そんなときには風邪薬を飲むのではなく、止血して包帯を巻かないといけないのである。

第2章　マネロンリスクの特定・評価　33

(7) 統合的なリスクマップ

　4領域のリスク状況を、2次元のリスクマップに表すのは、工夫が必要となる。また、顧客も取引も動き続けており、マネロンリスク自体も悪用する手口や金融機能そのものの変化に伴って目まぐるしく変わっていく。そのなかで、どのリスクをどのように切り取っていくか見極めも必要である。また、経済制裁やレピュテーショナルリスクについて、リスクが顕在化したときの経済的なインパクトのレベルは、簡単に決められるものではない。

　しかし、リスク評価書の作成の目的は、自社のマネロンリスクの状況を把握し、適正な経営資源の配分を行うことであるから、アクションにつながる整理となっている必要がある。自社の組織や指揮命令系統がどの単位で行われるのか振り返ってみよう。個人ビジネス・法人ビジネス別なのか、対面・非対面の別か、商品別か、あるいは地域単位か。

　個人／法人別であれば、個人ビジネスにおける顧客リスク格付や提供商品（の残余リスク）マップをつくってみるとよい。たとえば、ハイリスクな顧客にも、ローリスク顧客と同じ比率で高リスク商品を提供しているとしたら、そのゾーンは統制を強化しないといけないかもしれない。

図表2－2－1　リスク分布表の例（イメージ）

顧客リスク格付	顧客数	海外送金（＝H）送金金額	流動性預金（＝M）入出金金額	定期預金（＝L）入出金金額
H	○先（○％）	○円（○％）	○円（○％）	○円（○％）
M	○先（○％）	○円（○％）	○円（○％）	○円（○％）
L	○先（○％）	○円（○％）	○円（○％）	○円（○％）

参考	マネー・ローンダリング及びテロ資金供与対策に関する ガイドライン

※下線は筆者

Ⅱ　リスクベース・アプローチ

Ⅱ－2　リスクの特定・評価・低減

(1)　リスクの特定

　　（略）

　　なお、検証に際しては、国によるリスク評価の結果を踏まえる必要があるほか、外国当局や業界団体等が行う分析等についても適切に勘案することで、各業態が共通で参照すべき分析と、各業態それぞれの特徴に応じた業態別の分析の双方を十分に踏まえることが重要である。

　　さらに、こうした分析等は、複数の金融機関等に共通して当てはまる事項を記載したものであることが一般的であり、金融機関等においては、これらを参照するにとどまらず、自らの業務の特性とそれに伴うリスクを包括的かつ具体的に想定して、直面するリスクを特定しておく必要がある。

　　（略）

【対応が期待される事項】

a．自らの事業環境・経営戦略等の複雑性も踏まえて、商品・サービス、取引形態、国・地域、顧客の属性等に関し、リスクの把握の鍵となる主要な指標を特定し、当該指標についての定量的な分析を行うことで、自らにとって重要なリスクの高低及びその変化を適時・適切に把握すること

b．一定量の疑わしい取引の届出がある場合に、単に届出等を行うにとどまらず、届出件数及び金額等の比較可能な定量情報を分析し、部門・拠点間等の比較等を行って、自らのリスクの検証の実効性を向上

させること

事例

■リスク評価書の構成の例

I．状況認識

　1．自社の業容、経緯

　　　金融機関全体における自社の立ち位置、規模

　　　クロスボーダー取引の割合

　　　地域特性、業種（提供しているサービスの範囲、関係会社含む）

　2．外部環境

　　　規制動向（贈収賄、租税回避、地政学上の背景等も考慮する）

　　　国内・海外の犯罪傾向

　　　犯罪収益移転危険度調査書や内外当局の発信する情報をふまえる

　3．内部環境

　　　経営方針、事業戦略の変化、等

II．リスクの特定・評価

　1．顧客属性リスク

　2．国・地域リスク

　3．商品・サービスリスク

　4．取引形態リスク

　5．統合的なリスクマップ（顧客リスク格付や地域別・ビジネスライン別の分布など）

III．自社の傾向分析

　「疑わしい取引の届出」の傾向、発生事例・傾向

第 **3** 章

ITシステムの導入

3-1 ▶ ITシステム導入の目的

ITシステムを入れないと、AMLは実現できないのか

　第1章で述べたAMLプログラムにおける「リスク評価」や「顧客管理措置」を、有効かつ効率的に実現するには、ITシステムの活用が欠かせない。

　外部環境（犯罪傾向や規制等）や内部環境（戦略や商品・サービス、顧客層等）によりマネロンリスクは変化し、その変化に応じて自社のリスク評価書（第2章参照）も更新されるため、AMLシステムは、リスクの変化に迅速に対応する必要がある。

　AMLシステムで実施するリスク評価や検知は、全顧客全取引が対象であり、現場の顧客対応に直結することから、全社的なシステムとして多面的な検討が必要であり、経営判断を伴うことも多い。

　本章では、AMLシステム導入について組織的に検討を進めるための論点のいくつかを示したい。第1項（本項）では必要性、第2項で求められる特性（選定の観点）、第3項では管理態勢を示し、第4項以降で具体的なAMLシステムの内容について解説する。

（1）ITシステムの必要性

　リスク評価や顧客受入方針に基づく顧客管理措置の実現方法（事務、ITシステム）については、各金融機関等が自社リスクおよび自社の顧客管理態勢をふまえて検討する。ITシステムは、あくまでも実現の手段やツールであり、人的な対応も含めてトータルとして実現可能な方法を選択することが重要である。

　AMLプログラムのすべてがITシステム化できるわけではなく、ポリシー

の策定や顧客対応（口座措置等）は、人的な対応が欠かせない。人的な対応はデータ化されていない情報（地域の情報や対面での挙動等を含む）や金融機関職員ならではの気づきを生かし、柔軟に対応できる長所がある。

　一方で、多数の顧客や取引を全体としてリスクベースで管理・対応するにあたっては、ITシステムを積極的に活用することで、継続的なリスク管理態勢構築と業務効率化を図ることができる。下表に、人的対応の問題やリスクについて例示する。

	人的対応で起こりうる問題（例）	人的対応のリスク（例）
量的な問題	AMLシステムは全顧客、全取引を対象とすることから、一定規模以上の金融機関等では、人的な方法で全量検証することは現実的ではない。	全先を対象にできない場合、リスク先の評価もれや検知もれが生じる。
迅速性	顧客ごと、取引ごとに人的な方法でリスク評価・検証する場合、処理の長時間化、検証頻度の低下につながる。	検知遅れによる不正取引の発生、顧客の利便性低下。
質の維持	判断が属人化し習熟度に依存するなど、質の均質性を保つことがむずかしい。 継続的な研修も十分行う必要がある。	判断基準のばらつきによる検知もれが生じる。
効率性	紙や還元資料での検証は、手順が複雑になり非効率なプロセスとなる。	業務負担の増加。
対外的な説明	質の均質性が確保できず、対応にばらつきがある場合、対外的に全社的な統制状況の説明が困難となる。	有効性が実証できない。

(2)　データベースとデータ連携の必要性

①　全顧客データベース（属性やリスク評価）

　全顧客のリスク評価（リスク格付）は、多様な観点を総合的に評価し、かつ継続的に管理・更新していくことから、人的対応は困難であり、ITシステムでのリスク評価や顧客管理の仕組み、ならびにそれらを可能とするデー

タベースの整備が必要である。

たとえば、渉外担当者がすべての顧客を熟知し、取引内容もすべて把握しているという金融機関であれば、全渉外担当者に、マネロンリスクの判断と対応スキルを習得させることでリスク低減が図れるかもしれない。しかし、その場合でも、遠隔地顧客や非対面取引については、人的対応によって把握するのは困難である。

② 取引データベース

大量の取引から異常取引を検知するためには、取引に係るデータベースも必要である。ITシステムによる検知や、事後検証（バックテスティング等）に活用できるように、AMLシステムや分析システムからアクセス可能なデータを整備し、一定期間保存する。

AMLシステムでは、各種のデータベースを使って、一定のロジックを用いてリスク評価や検知を行うため、システムの上流から取得したデータを顧客データベースや取引データベースに連携し、さらにAMLシステム（アプリケーション）へそれらのデータを連携する必要がある。しっかり管理された連携の仕組を構築せず、作業ベース（検知のつどあるいは検証のつど、システム部門がデータ出力する等）での対応を行うと、実施頻度が低くなり、事後分析もできないことから、リスク管理としては不十分なものとなる可能性がある。

（3） リスク評価・検知モデル（ロジック）策定の必要性
〜フィルタリング、顧客リスク格付、取引モニタリング〜

① 網羅性

取引担当者が受付時に感じる顧客の不自然さや取引明細などを、いわゆる目検でチェックすることで判別できる情報も重要である。しかし、AML態勢では、「偶然気づいた」では不十分であり、「リスク評価に基づく網羅的かつリスクに応じた検証・対応（リスクベース・アプローチ）」が求められる。

たとえるなら、大きな池にわずかな釣り糸を垂らしても全部の領域をカバーできないし、釣り人の属人的なスキル（気づき）に依存することになろう。一本釣りに頼らず、大きな網で定期的に掬いあげる仕組みをつくることで、全社的にリスクの高い取引を洗い出すことができる。

② リスク評価・検知モデル（ロジック）の策定

　効率的で不正取引を見逃さない仕組みをつくるためには、有効性の高い顧客リスク格付モデルや検知ロジックが必要となる。自社リスクを十分に分析せず、他行事例やパッケージにあるロジックをそのまま適用すると、誤検知（False Positive）が大量に発生して非効率な業務管理が発生したり、リスクのある顧客や取引を見逃す（False Negative）ことがある。

　たとえるなら、ねらう魚群を確実に捕獲するために、網を投げる場所や網の種類をしっかり選択することで、効率的な把握ができるということである。

図表３－１－１　ITシステム導入の必要性に係るチェックの事例

以下のどれか１つでもNOであれば、システム導入・改善の検討が必要	
□対象となる顧客数や取引件数等は、人的対応で検証できるボリュームである	YES／NO
□多面的に顧客情報を活用して、属性との乖離や、過去取引傾向との乖離等が検証できている	YES／NO
□リスク評価・検知の頻度は十分である（最新のデータで実施している）	YES／NO
□ロジックが適切で、誤検知（False Positive）が多発していない	YES／NO
□検知の判断プロセスが、属人化していない（合理的な説明ができる）	YES／NO
□リスク格付、フィルタリングや取引モニタリングの結果等が記録されており、数値でリスク低減策の有効性が説明できる	YES／NO
□いまのやり方で今後の規制対応や、犯罪傾向や規制の変化に対応できる	YES／NO

第３章　ITシステムの導入　41

> **参考** マネー・ローンダリング及びテロ資金供与対策に関する
> ガイドライン
>
> Ⅱ　リスクベース・アプローチ
>
> Ⅱ－2　リスクの特定・評価・低減
>
> ⑶　リスクの低減
>
> ⑹　ITシステムの活用
>
> 　ITシステム（ソフトウェアを含む。）の活用は、自らが顧客と行う取引について、商品・サービス、取引形態、国・地域、顧客属性等の様々な情報の集約管理を行うことを可能とする。
>
> 　また、ITシステムの的確な運用により、異常な取引の自動的な検知や、顧客・取引の傾向分析、顧客のリスク格付等が可能となるほか、検知の前提となるシナリオの設定・追加や、敷居値の柔軟な変更等、金融機関等のマネロン・テロ資金供与リスク管理態勢の強化が容易となる。
>
> 　ITシステムを的確にマネロン・テロ資金供与対策に活用するには、例えば、前記シナリオ・敷居値等が自らが直面するリスクに見合ったものとなっているか、送金先や輸出入品目等についての制裁リストが最新かなどのシステムの運用面も含めてITシステムを適切に構築し、また、その有効性について検証を行っていき、適時に更新していくことが重要である。

（注）　本書において、AMLシステムとは、AMLに関連するデータベースや、顧客管理／評価、疑わしい取引の検知を行うためのITシステムを幅広く指している。

3-2 システム選定の観点

ITシステムに何を求めるか

(1) AMLシステムの構成

　一般に、システムを構築する場合、基盤・データベース・データ連携・アプリケーション（パッケージ）・インターフェース等を構成し、システム運用（基盤・アプリケーション）および業務対応を検討する。AMLシステムにおいては、データ調査、有効性の検証、ロジックの変更に際しての業務インパクト調査等が必要であり、そのための分析環境（実施部署が、過去データを含め幅広いデータにアクセスでき、データ分析・シミュレーションが可能なツールやシステム環境）が必要となる。

(2) 柔 軟 性

　AMLシステムの効果とは、「マネー・ローンダリングや金融犯罪の抑止に資する」ということである。ITシステムをかたちだけ入れることでなんらかのアウトプットは出るだろうが、それだけでは意味をなさない。導入したITシステムが、継続的にマネロン防止や犯罪抑止に有効性を発揮し続ける必要がある。AMLは、実現すべき内容が変化するムービングターゲットであることに留意する必要がある。

　たとえば、あるシステムを導入した時点では、一定のデータやロジックでリスク低減を図れたとしても、少し時間が経過すれば、金融犯罪の傾向が変化し、リスクのあり様はあっという間に変容する。あるいは自社の商品・サービスや顧客の取引チャネルが変化すると、知らないうちに「リスク把握

第3章　ITシステムの導入　43

のもれ」が発生することに留意する必要がある。

(3) データベースやチャネルの拡張性

内外の環境変化に迅速に対応し有効性を維持するためには、使用するデータも把握すべきリスクに応じて変わることになる。また全顧客全取引が対象であるため、新しい取引チャネルが発生すれば、それにも対応する必要がある。よって、データベース構築にあたっては、データテーブルの変更や追加・拡張が可能なものとし、上流データも取引チャネルの拡大などに対応して追加されることを想定して構築する必要がある。

(4) モデルの迅速な可変性・開示性

基幹系（勘定系）のシステムであれば、高いレベルでシステム管理されており、システム変更の影響も大きいため改修の頻度も高くないかもしれない。

一方、AMLシステムは、リスク管理・リスク統制を目的としたシステムであり、金融犯罪抑止やマネロン防止の実現のためには、顧客のリスク格付や疑わしい取引の検知を行うモデル（ロジック）についても、迅速に変更できる必要がある。さらに対外的な説明責任やチューニングの観点では、モデルが開示されている（ホワイトボックスである）か否かも、システムを選定するうえで1つのポイントとなる。

(5) 可 用 性

AMLシステムは、新規先のリスク格付や事後モニタリング、データ分析など、多様な場面で実行されるシステムとなる。

営業店の店頭での受付やトランザクションのフィルタリングなど、リアルタイムでの処理については、円滑な顧客対応のため、復旧優先度は高くなる。また、システムの不具合は、その間に不正取引を見逃すことにもなり、安定的な運用が求められる。AMLシステムによる顧客リスク区分は、幅広

い取引において参照されることから、不具合や誤った処理が業務に与える影響範囲も大きくなる。

(6) 自社開発か外部パッケージか

システム導入にあたって、自社開発か外部パッケージ利用か、が検討項目となることがある。それぞれのメリットを例示したい。

① 自社開発のメリット

外部パッケージ導入と比較すると、自社の業務プロセスにあわせやすいことや、ユーザーの意見が反映しやすく、きめ細かくユーザビリティ観点での対応ができる点に優位性がある（外部パッケージでもカスタマイズが可能なものもあるが、カスタマイズのコストや、改修に伴う検証やテストも必要であることに留意）。

ただし、データベース構築やモデル、あるいはAI等の新技術について、自社にノウハウがない場合は、別途ITコンサルティング等の外部支援が必要となるだろう。

② 外部パッケージのメリット

自社において対応方法のノウハウをもたない場合、先行事例を反映している外部パッケージを導入することで、リードタイム（導入決定から稼働までの期間）の短縮が図れる。特に、AML態勢を早急に整備する必要がある、あるいは、マネロンリスクが経営上重大なリスクとなり強化策を急ぐ場合などは、外部のノウハウを取り込むことを検討すべきだろう。

多くのパッケージベンダーではユーザー会が開催されており、同じツールを用いる金融機関同士で、運用面のノウハウを共有し、共同してベンダーとともに改善対応していくことができる。

当局とコミュニケーションができているベンダーや、内外の規制への理解が深いベンダーの場合は、規制の変化に対応して、パッケージもアップデートされることが期待される。AMLは、今後も規制強化がなされる分野であり、外部パッケージ導入により、今後の規制対応の迅速化や負担軽減が図れ

第3章　ITシステムの導入　45

る可能性がある。

(7) 共同システム化の留意点

① 背　景

　金融機関同士の経営統合や、グループ内に複数の金融機関が存在する場合、AMLのグループ管理においては共通するポリシーの適用やグループ全体のリスク評価が求められるため、参加する複数の金融機関においてAMLシステムを共通化することで、効率的なグループ管理を実現することが考えられる。

　また、より幅広い金融機関が利用する共同システム（KYCユーティリティ等）についても検討がされているところであり、共通の目的であるAML態勢強化の実現に向かって、金融機関が相互に協働することが求められている。

② 共同システム導入に係る留意点

・データ整備……顧客データの記録方法やデータ定義（データ項目の定義等）等は、各金融機関で異なるため、これらのギャップを埋めるための標準化を行う必要がある。AMLの顧客管理は、既存顧客も含めた網羅的なものである必要があることから、既存先の顧客情報や一定の過去取引について幅広く詳細にデータを調査し、マネロンリスクの管理ポリシーをふまえて、必要に応じてデータ補完や変換の対応を行う。

・各社のリスクを反映できる仕組み……リスクベース・アプローチでは、自社リスクを反映したリスク管理が求められるため、各金融機関のリスク分析の結果をロジックや設定に反映させる仕組みを設ける。

・有効性検証の仕組み……システム運用後も、金融機関ごとの有効性を継続的に検証するためのデータ分析環境を準備する。

③ 共同化の範囲

　基本的な評価の枠組みや業務フローが共通であり、準備作業としてのデータの標準化や各社のシナリオ設定機能を前提とすれば、システム基盤や顧客

管理や検知に係るアプリケーションは共通化が可能と考えられる。

　ただし、リスク評価基準の設定やその後の個別判断は、あくまでも各社の責任において実施される必要がある。AMLシステムの評価ロジックやユーザー画面において、判断にかかわる部分（ウォッチリストフィルタリングにおける同一性やリスクレベルの判断、取引モニタリングにおける異常性の判断等）について、スコア（リスクレベル）や判断項目をチューニングする仕組みがあれば、利用金融機関の間で顧客受入方針が異なる場合でも共通化できる可能性がある。

④　同一金融グループ内の共通システム導入のケース

　主導する金融機関に、要件定義や導入およびその後の運用支援について、負荷が集中する場合がある。次項「3－3　ITシステムの管理」にも記載するとおり、AMLシステムの導入・管理には多様な役割に対応できる人的リソースの確保が必要となる。

第3章　ITシステムの導入　47

3-3 ITシステムの管理

AMLシステムを管理するための役割とは

(1) システム導入時の留意点

AMLシステムは、各金融機関のシステム部門のポリシーにのっとって構築・管理することになる。システムの安定的な運用を維持しつつ、同時に、必要な柔軟性を確保していくためには、システム部門と関連部署がAMLシステムの特性について理解を共有し、システム構築を行う必要がある。

特に柔軟性に関しては、導入検討の段階から、稼働後のデータベースやモデルの変更に係るプロセスや役割分担（責任の所在）について、システム部門と認識をあわせておく必要があろう。

(2) 人材確保

システム導入検討や有効性の維持のためには、業務（規制や事務管理）とシステムの両方を理解する要員が必要である。

また、有効性検証のためには、データ分析等のスキルをもつ人材も必要となる。社内に人材がいない場合は、外部支援（コンサルサービスなど）を活用することも選択肢となる。

(3) 役割分担の例

役　　割	AML専門部署（もしくは商品所管部署）	IT部門（もしくはデータオーナー、システム所管部署）
統制方針の決定	実現すべき課題、リスク評価、事務システムによる統制方法の検討	―
ITシステム導入の検討	導入後の高度化も視野に入れた外部パッケージ選定	システム化の検討、開発プロジェクト管理など
データ整備	リスク評価に基づき評価・検知すべき項目の洗い出し	洗い出しに基づく網羅性のあるデータベースの整備
モデル策定	評価、検知ポリシーの策定	アプリ開発、パッケージ導入等
有効性の維持	モデル管理（注） 発生事例や、犯罪傾向をふまえて、有効性を検証 （9－1を参照のこと）	データ管理 ・データ定義を文書化 ・データオーナーを明確化 ・定期的にデータの正確性やETLの検証等を実施 （9－2を参照のこと）

注：ここでの「モデル」は取引モニタリングのシナリオや顧客リスク格付の評価方法などのロジック全般を指す。ロジック部分を、安易にシステム部門に任せきりにすることは、ロジックの固定化を招き、本来達成すべきマネロンのリスク低減の有効性を低下させることになる。それは、経営資源の配布の観点からも、システム投資の効果を減少させることになるので、避けなければいけない。つまり、ロジックは、マネロンリスク管理の主管部署（第1線である商品・サービス所管部、もしくはAML専門部署）が責任者（オーナー）となり続けることが重要である。ロジックに責任をもつとは、検知結果についても責任をもつということであり、積極的に有効性を検証していく責任があるということも意味する。

| 参考 | マネー・ローンダリング及びテロ資金供与対策に関するガイドライン |

Ⅱ　リスクベース・アプローチ

Ⅱ－2　リスクの特定・評価・低減

⑶　リスクの低減

⑺　データ管理（データ・ガバナンス）

　ITシステムの有効性等は、当該ITシステムにおいて用いられる顧客情報、確認記録・取引記録等のデータの正確性があってはじめて担保される。

　金融機関等においては、確認記録・取引記録等について正確に記録するほか、ITシステムを有効に活用する前提として、データを正確に把握・蓄積し、分析可能な形で整理するなど、データの適切な管理が求められる。

【対応が求められる事項】

①　確認記録・取引記録等について正確に記録するほか、ITシステムを有効に活用する前提として、データを正確に把握・蓄積し、分析可能な形で整理するなど、データの適切な管理を行うこと

②　ITシステムに用いられる顧客情報、確認記録・取引記録等のデータについては、網羅性・正確性の観点で適切なデータが活用されているかを定期的に検証すること

| 3-4 | AMLシステムの概要 |

どのようなAMLシステムが必要なのか

　AMLシステムと一言でいっても、通常は単独のシステムですべてのAML業務を実現するものではない。市販のパッケージソフトウェアのなかには複数の業務を一元的に管理できる製品も存在するが、実際の運用においては、ビジネス機能と利用場面の2つの観点に基づき、複数のシステムを組み合わせて使用している場合が多い。

(1)　AMLシステムのビジネス機能

　ビジネス機能の観点でAMLシステムを分類すると、口座開設時の本人確認業務（CIP：Customer Identification Program）を支援する本人確認システムや、顧客が反社会的勢力や経済制裁者、PEPs等に該当するかどうかをチェックするフィルタリングシステム、顧客のマネロンリスクに応じた格付を付与する顧客リスク格付システム、大量の取引のなかから疑わしい取引を抽出するための取引モニタリングシステムなどに分かれる。さらに近年では、これらのビジネス機能の有効性を検証するために、データ分析システムがあわせて導入されている事例もある。

(2)　利用場面

　利用場面という観点では、主に営業店をはじめとした第1線が使用する入口管理を目的としたシステムと、第2線のコンプライアンス部門が使用する中間管理を目的としたシステムに大別される。入口管理を目的としたシステムは、口座開設や送金受付など顧客と相対する場面で使用されるため、顧客

第3章　ITシステムの導入　51

利便性の観点から即時性や可用性が重視される。一方、中間管理で使用されるシステムは、基本的に事後検知目的で使用されるため、入口管理ほどの即時性や可用性は求められないが、過去に蓄積した大量の顧客データや取引データを処理するための性能が求められる。

また、同じ機能を有する複数のシステムが構築される例をあげると、日本国外にも拠点が存在する場合は、適用される規制内容が異なることや、データのフォーマットや統合が困難なことも多く、単一のシステムでは運用が困難なため、システムを複数コピーして構築し、拠点ごとにチューニングを加

図表3－4－1　AMLシステムにおける主なビジネス機能

ビジネス機能	概　　要
本人確認	口座開設時の本人確認業務を支援する。
フィルタリング	顧客が反社会的勢力や制裁者、PEPs等のリストに該当するか照合する。
顧客リスク格付	顧客の属性等を評価し、マネロンリスクの度合いに応じた格付を付与する。
CDD	顧客リスク格付に応じて顧客情報の定期的なレビューやEDDを管理する。
取引モニタリング	疑わしい取引を検知しアラートを生成する。
送金電文チェック	海外送金の電文情報が制裁リストと一致した場合に送金を中断する。
ケースマネジメント	アラート調査や当局報告業務をワークフロー形式で管理する。
データ分析	顧客リスク格付モデルや取引モニタリングシナリオの分析や精度評価を行う。
データマネジメント	AMLシステムで必要となるデータや調査結果のデータを一元的に管理する。
届出レポート作成	疑わしい取引届出レポート（SAR）を作成する。
管理レポート作成	シナリオ別のアラート数や届出率等の計数をまとめた内部管理のためのレポートを作成する。

図表３－４－２　ビジネス機能・利用場面に基づくAMLシステムの構成例

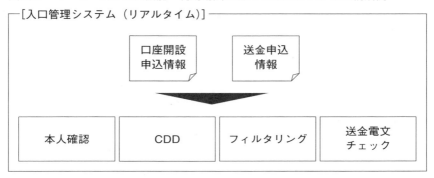

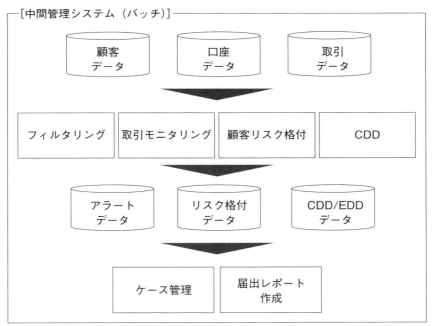

第３章　ITシステムの導入　53

えて運用している場合がある。

(3) 段階的な拡張

AMLシステムの導入に際しては、業務部門のユーザーが積極的に関与し検討しなければならない項目が多数ある。また、システムで使用するさまざまなデータの取得のために複数の部署との連携が必要となる。このような理由から、AMLシステム導入は比較的規模が大きなプロジェクトとなる傾向があり、システム構築には年単位の時間を要する。よって、一度にすべての機能についてシステム構築の対象とするのではなく、フェーズを分けて段階的に構築を進めることが通常である。自社のリスク評価の結果を考慮したうえで適切な優先順位を定め、無理のないシステム導入スケジュールを計画する必要がある。

システムを複数に分けて構築する際には、全体的な視点からガバナンスを効かせるように注意する必要がある。たとえば、入口管理と中間管理のためにそれぞれフィルタリングシステムを別立てにした場合に、使用するリストがバラバラという状況では、同じ顧客であってもシステムごとにリスク評価結果が異なってしまうため、一貫した顧客リスク管理を行っているとは言いがたい。このように、複数のシステムを構築する場合は、システム間で実現しているビジネス機能の内容に差異がないかを、全社的な視点から比較検証する必要がある。

参考 **マネー・ローンダリング及びテロ資金供与対策に関するガイドライン**

Ⅱ　リスクベース・アプローチ

Ⅱ−2　リスクの特定・評価・低減

(3)　リスクの低減

(ⅵ)　ITシステムの活用

【対応が求められる事項】

① 自らの業務規模・特性等に応じたITシステムの早期導入の必要性を検討し、システム対応については、後記②から⑦の事項を実施すること

②〜⑦ 省略

第3章 ITシステムの導入 55

3-5 導入プロジェクト計画の作成

システムの導入には
どのくらいの時間がかかるのか

(1) 正しい計画を立てる

　AMLシステムの導入に際しては、たとえ自社開発ではなくパッケージ製品を導入する場合でも、少なくとも運用開始の1年前から具体的な検討を開始する必要がある。昨今のマネー・ローンダリングに対する規制の高まりを意識して、システム導入時期をなるべく前倒ししたいという金融機関も多いだろう。しかし、本来、システムを構築することはマネロン対策の手段であって目的ではない。AMLシステムができあがっても、その前提となるリスク評価が不十分であれば本末転倒である。もし、かなりの短期間でAMLシステムの導入が可能、とシステムベンダーが喧伝している場合は安易に飛びつかずに注意したほうがよい。AML業務の本質や時間をかけてでも実施すべきポイントが抜け落ちてしまっている可能性があるからだ。

　短期間ではシステムを使用するユーザーがパッケージの仕様やビジネス機能の中身について十分に理解しないままプロジェクトが進むこととなり、結果として実効性の低いシステムとなってしまうリスクもある。これでは、早晩、システムの根本的な見直しを迫られることとなり、せっかくの投資も無駄となってしまう。

　AMLシステムの導入は、テイラーメイドの注文服の作成と似ているところがある。金融庁のAML/CFTガイドラインにおけるリスクベース・アプローチの定義には、「金融機関等が、自らのマネロン・テロ資金供与リスクを特定・評価し、これを実効的に低減するため、当該リスクに見合った対策

を講ずること」とある。注文服の作成に際しては、袖丈や肩幅など、その洋服を着る人の身体特性を細かく計測する工程があり、そのほとんどが手作業で時間がかかるものではあるが、最終的には自らに完全にフィットする洋服が完成する。これと同じように、自らのリスク評価結果に見合った取引モニタリングシナリオや顧客リスク格付モデルを検討し、そこで使用する閾値やウェイトなどのパラメータを調整する作業こそが、AMLシステム導入におけるリスクベース・アプローチの本質といえるだろう。吊るしの既製服を買うように、他社で使用しているからといって、できあいの取引モニタリングのシナリオや顧客リスク格付モデルなどを、自社にそのまま当てはめてシステムを構築することは、AMLで求められるリスクベース・アプローチの考え方とは異なるのだ。

(2)　プロジェクト計画の観点

　AMLシステムの導入プロジェクト計画については、①実現するビジネス機能、②取り扱う商品、③プロジェクト体制、④プロジェクトスケジュールの観点から検討を行う。

①　実現するビジネス機能

　一度にすべてのAMLシステムのビジネス機能を構築しようとすると、開発するシステムベンダーだけでなく、要件を提示するユーザー側にも大きな負荷がかかる。このため通常のAMLシステム導入では、段階的に機能を拡張するアプローチが一般的である。たとえば、プロジェクトをいくつかのフェーズに分けた場合、初期フェーズではビジネス機能を取引モニタリングと顧客リスク格付、ウォッチリストフィルタリング、ケースマネジメントといった中心的な機能に限定することが多い。

②　取り扱う商品

　取引モニタリングの対象商品や、ケースマネジメントの調査画面で表示する商品を増やすと、その分取得すべきデータも多くなり開発期間が長引く要因となる。そのため、初めからすべての商品をシステム化の対象とするので

第3章　ITシステムの導入　57

はなく、段階的に対象商品を増やしていくやり方が現実的である。具体的には、リスク評価の結果に基づき、マネロンリスクの高い順にシステム化の優先順位を決める。たとえば、銀行であれば初期フェーズでは現金取引と送金のみを取り込むこととし、ローンや投資信託などの他の商品の取込みは次フェーズ以降とする。証券会社であれば現金取引と株式取引、クレジットカード会社であればカード支払とキャッシングといったように、事業内容に応じて初期フェーズで取り込むべき商品の優先順位は変わることになる。

③　**プロジェクト体制**

　AMLシステムは大規模であり、プロジェクトにはさまざまな部署や企業のメンバーが参画するため、担当者間での調整が頻繁に発生する。特にプロジェクトの立ち上げ時にこの調整が長引くと、プロジェクトがなかなかスタートできず、システムの稼働開始時期の遅延が発生するリスクにつながる。

　特に、ETL（次項3-6⑵参照）についてはAMLシステム導入において最も負荷がかかる作業のため、早い段階から担当者をプロジェクトに参画させ、必要なデータの保有状況やデータの連携に際し必要な開発工数について調査ができる体制を組成する必要がある。

　また、いうまでもないが、システム導入を成功裡に完了させるためには、プロジェクトをシステムベンダー任せにするのではなく、オーナーであるユーザー部門と、全体管理の役割であるシステム部門が積極的にプロジェクトに関与することが重要である。

④　**プロジェクトスケジュール**

　一般的なアプローチでAMLシステムを導入しようとすると、最低でも1年はかかる。AMLシステムの導入プロジェクトは、長期に及び大規模な開発が継続することから、要件定義の開始前に予備検討の工程を設ける場合が多い。予備検討では、まず業務ユーザー側で行ったリスク評価の結果をスムーズにシステム要件に落とし込むことができるように、パッケージ製品の仕様について理解を深める。そのうえで、システムに取り込むデータの取得

58

方法について整理し、導入に見込まれる工数や予算の精緻化や、プロジェクト計画の策定を行う。

事例

　システム導入プロジェクトを円滑に進めるためには、プロジェクトの体制と役割分担、スケジュールを整理する必要がある。これらについては予備検討の段階で明確にする。

AMLシステム導入プロジェクトにおける役割と担当の例

役　　割	担　　当
プロジェクトオーナー	通常ユーザー部門が担当することが多い。
全体プロジェクト管理	通常システム部門が担当することが多い。ITコンサルの支援が入る場合もある。
ハードウェア基盤	ハードウェア提供のシステムベンダーが担当する。
ソフトウェア基盤	OSやデータベース等のミドルウェア提供元のシステムベンダーが担当する。
パッケージ導入	AMLソフトウェアパッケージ提供元のシステムベンダーが担当する。
ETL・データベース開発	既存システムでデータ保守を行っているシステムベンダーが担当することが多い。
その他開発 （運用監視ジョブ構築等）	運用保守を行う予定のシステムベンダーが担当することが多い。

第3章　ITシステムの導入　59

AMLシステム導入プロジェクトのスケジュール例

工　程	月　数											
	1	2	3	4	5	6	7	8	9	10	11	12
予備検討	■	■										
要件定義			■	■	■							
パッケージ導入					■	■	■	■	■			
ETL開発					■	■	■	■				
基盤構築					■	■	■	■	■			
ユーザー受入テスト										■	■	
アラートチューニング												■
マイルストーン	▲キックオフ　　　　　▲開発環境インストール　　▲テスト環境インストール　　▲本番環境インストール　　▲データ連携開始　　本番稼働開始▲											

参考　**マネー・ローンダリング及びテロ資金供与対策に関するガイドライン**

Ⅱ　リスクベース・アプローチ

Ⅱ－1　リスクベース・アプローチの意義

　マネロン・テロ資金供与対策におけるリスクベース・アプローチとは、金融機関等が、自らのマネロン・テロ資金供与リスクを特定・評価し、これを実効的に低減するため、当該リスクに見合った対策を講ずることをいう。

　マネロン・テロ資金供与の手法や態様は、その背景となる犯罪等の動向のほか、広く産業や雇用の環境、人口動態、法制度や、IT技術の発達に伴う取引形態の拡大、経済・金融サービス等のグローバル化の進展等、様々な経済・社会環境の中で常に変化している。

　手法や態様の変化に応じ、マネロン・テロ資金供与対策は、不断に高度化を図っていく必要がある。近年では、情報伝達の容易性や即時

性の高まり等により、高度化に後れをとる金融機関等が瞬時に標的とされてマネロン・テロ資金供与に利用されるリスクも高まっている。

　金融機関等においては、マネロン・テロ資金供与リスクを自ら適切に特定・評価し、これに見合った態勢の構築・整備等を優先順位付けしつつ機動的に行っていくため、リスクベース・アプローチによる実効的な対応が求められる。

（以下略）

3-6 AMLシステムで使用されるデータ

どのようなデータを準備する必要があるのか

（1）　AMLシステムのデータ

　AMLシステムのデータは通常、①顧客情報や口座情報、取引明細情報などのAMLシステムの入力部分に該当するデータと、②アラートや顧客リスク格付、ケース管理情報などAMLシステムの出力部分に該当するデータ、の２つに大別される。このうち②については、パッケージ製品を使用すれば、自動的にパッケージ標準のデータモデルに従って作成されるデータであり、導入の際に開発負荷を意識する場面はほとんどないだろう。このことが、AMLシステムの導入が自社開発ではなく、パッケージ製品で行われることが多い理由の１つといえる。一方で、①についてはAMLシステムを利用する以前の話が大部分を占めるため、パッケージ製品でAMLシステムを構築する場合であっても、必ず自社開発を行わなければならない部分となる。

図表３－６－１　AMLシステムに取込みが必要なデータの例

必要なデータ	データの内容
顧客情報	顧客の年齢や職業、取引目的などの属性に関する情報
口座情報	保有商品などの口座単位の属性や残高等の計数情報
取引明細情報	１トランザクション単位の明細情報
外部顧客情報	送金の発信／受信先が他金融機関の場合の顧客情報
リスト情報	フィルタリングの照合に利用するウォッチリストの情報

図表3－6－2　データ項目と商品タイプのETL設計の進め方

	データ項目	商品タイプ
ハイレベルマッピング	・社内で保持するデータをパッケージ製品のテーブルのレベルでマッピングする。 ・変換すべきデータ項目数などからデータ変換に必要な工数を見積もる。	・自社で提供している金融商品とパッケージ製品の商品タイプを大分類レベルでマッピングする。 ・モニタリング対象とする商品数などからデータ変換に必要な工数を見積もる。
詳細マッピング	・社内で保持するデータをパッケージ製品のデータ項目のレベルでマッピングする。 ・テーブルに各データ項目を格納する際のロジックを設計する。	・自社で提供している金融商品とパッケージ製品の商品タイプをコード値のレベルでマッピングする。 ・商品タイプを変換する際のロジックを設計する。

(2)　ETL

　必要なデータを他のシステムから取得し、あらかじめパッケージで定義されたインターフェースの形式にあわせて加工し、AMLシステムに投入する、この一連の流れをETL（Extract-Transform-Load）と呼ぶ。ETLの開発は、AMLシステムで扱うデータの取得元が多岐にわたることや、金融機関ごとにデータのもち方が異なることなどにより、手間のかかる作業が多い。よってETL開発は、AMLシステム導入において最も開発工数を要するタスクである。特にパッケージ製品の導入に際しては、データ項目のETL処理と商品タイプのETL処理に作業工数がかかる。よって、プロジェクトの予備検討もしくは要件定義の段階において、テーブル単位のハイレベルマッピングを行い、開発工数の概算見積りを行ったうえで、設計工程においてさらに詳細な項目単位のマッピングを実施する、という進め方をとる場合がほとんどである。

第 **4** 章

顧客管理の概要

4-1 顧客管理の全体像

顧客リスク格付・取引モニタリング・フィルタリングをどのように位置づけるのか

　前章（第3章）では、ITシステムの活用とAMLプログラムの概要や導入について述べた。第5章以降では、AMLシステムの主要な機能や考え方について具体的に解説するが、第5章（フィルタリング）、第6章（顧客リスク格付）、第7章（取引モニタリング）の各システムは、AMLプログラムにおけ

図表4－1－1　顧客管理の全体像

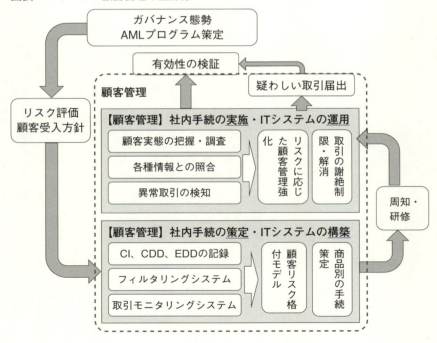

る「顧客管理」の主要な機能を担うものであることから、本章では、具体論に入る前に、「顧客管理」の全体像を整理する。

(1) AMLプログラムにおける「顧客管理」の位置づけ

第1章1-3の"らせん図"でも示したように、顧客管理はAMLプログラムの中核をなしており、リスク低減を現実的に実行するプロセスである。金融機関にとっては、社内での実務対応だけではなく、顧客への対応や顧客折衝（謝絶や取引見直し等）が必要とされるため、第1線の現場が円滑かつ効率的に実施・運用できる仕組みが求められ、十分に周知・研修を行う必要がある。

(2) 顧客管理のプロセス

AMLにおける顧客管理については、実務上は、大きく以下の4段階で実施する。

図表4-1-2　顧客管理の4段階

①	顧客把握	顧客情報・取引情報の取得、記録（CI、CDD、EDD）
②	フィルタリング・取引モニタリング	顧客属性、あるいは取引における潜在的なマネロンリスクを検知・調査する
③	顧客リスク格付	顧客情報やフィルタリング・取引モニタリング結果をふまえ、総合的に、顧客ごとにマネロンリスクを評価する
④	管理強化・謝絶や取引制限	顧客リスクに応じた管理強化（情報更新頻度や追加調査等）や取引方針の見直し（謝絶、取引制限、取引解消等）

多面的なマネロンリスクの検知や評価（図表4-1-2②や③）は、それがチェックシート形式かシステムの自動処理かにかかわらず、チェックや評価自体が目的ではない。リスクに応じた顧客の把握（同①の更新や追加調査）を行い、それに基づいて、取引方針見直し（同④）を実施してはじめてリスク低減が実現する。

第4章　顧客管理の概要　67

図表 4 − 1 − 3　顧客リスク格付に応じた対応方針の違い

○　推進目的とリスク管理のいずれも、顧客の実態（実質的支配者、属性、商流等）、取引内容（原資や目的等）を把握することが重要。
○　情報が充実すれば、取引推進や適切なリスク管理に資する。

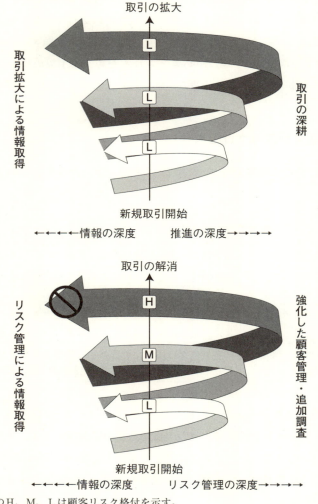

（注）　図中のH、M、Lは顧客リスク格付を示す。

(3) 顧客情報の把握（CDD）の重要性と情報活用

① 顧客情報の重要性

図表4－1－2の4段階を関連づけて継続実施することは、顧客や取引の実態把握を深化させることにつながる。言い換えるなら、顧客の実態や取引内容（口座利用目的、営業実態や商流、資産背景や資金源等）を十分把握してはじめて、適正なリスク管理を実現することができる（図表4－1－3のイメージ）。

② 顧客情報の活用

AMLにおいて、顧客リスク格付は全顧客が対象であり、多様な取引をモニタリングしていくなかで、顧客や取引に係る情報を充実させていくことになる。ITシステムの活用の観点からは、それらの情報を記録しデータベースを構築する。扱うデータは広範囲であり、システムをAML目的だけではなく、顧客取引の推進目的でもその情報が活用できるように構築することができれば、現場にとって対応の動機づけにもなり、システム投資の効果をあげることにもなるだろう。

参考　**マネー・ローンダリング及びテロ資金供与対策に関するガイドライン**

Ⅱ　リスクベース・アプローチ

Ⅱ－2　リスクの特定・評価・低減

(3) リスクの低減

(ⅱ) 顧客管理

前記のとおり、リスク低減措置のうち、特に個々の顧客に着目し、自らが特定・評価したリスクを前提として、個々の顧客の情報や当該顧客が行う取引の内容等を調査し、調査の結果をリスク評価の結果と照らして、講ずべき低減措置を判断・実施する一連の流れを、本ガイドラインにおいては、「顧客管理」（カスタマー・デュー・ディリジェン

ス：CDD）と呼んでおり、これはリスク低減措置の中核的な項目である。

　金融機関等が顧客と取引を行うに当たっては、当該顧客がどのような人物・団体で、団体の実質的支配者は誰か、どのような取引目的を有しているか、資金の流れはどうなっているかなど、顧客に係る基本的な情報を適切に調査し、講ずべき低減措置を判断・実施することが必要不可欠である。

（以下略）

4-2 ► AMLシステムの課題把握

AMLシステム検討のプロセスとは

(1) AMLシステム検討の着手（課題の把握）

　前項の図表4-1-2で示した①から④の4段階各々について、データベース整備、ITシステム導入、検知モデル等の策定や有効性向上等を進めることで、AML業務の高度化を図っていくことになる。広範なAMLシステムの見直しに着手する段階や、あるいは段階的に構築を行う場合は、AMLシステム全体について自社の課題を洗い出し、優先順位を決めて取り組む必要がある。

　課題の洗い出しにおける留意点をいくつかあげてみたい。

① 顧客把握

　リスク評価書に立ち返り、潜在的なリスクである資金洗浄やテロ資金供与のリスクについて顧客リスク格付に反映されていない項目を洗い出し、データを管理する仕組みをつくる。データ化できていない項目は、新たに顧客から取得するか、紙ベース等の記録をデータ化する必要があるかもしれない。社内で別の部署が推進目的などで管理している可能性もあるので、システム部門とも連携して社内の記録を調査する。

［例］・取引目的・職業・国などのシステムデータを追加、多面的な取引情報
　　　　をデータ化

　　　・EDD情報の記録化、データ化

② フィルタリング・取引モニタリング

　金融機関では従来から、反社会的勢力等の管理や振り込め詐欺対策などで

第4章　顧客管理の概要　71

フィルタリングや取引モニタリングについては一定の対応を行っていると考えられるが、AMLでは、潜在的で多様なマネロンリスクに対応する必要がある。既存システムがどこまでカバーされているかを整理し、何を新システムで実現するのかを明確にする必要がある。

［例］・複数リストの統一的なフィルタリング（英字のあいまい検索含む）

・当該顧客の過去取引や、顧客の属するカテゴリーの通常取引との乖離、金融犯罪にみられる傾向を検知するシナリオなど

③　**顧客リスク格付**

リスク評価に基づいた、顧客別のマネロンリスクを評価するロジックを策定し、全顧客のリスク格付を行う。

［例］・定性的なマネロンリスク評価ロジック

④　**管理強化・謝絶や取引制限**

マネロンリスク先についての管理強化や、取引方針（謝絶や取引見直しを含む）のポリシーを明文化し、実施結果を記録する。リスク低減効果を分析し、発生が抑止できているか等の有効性検証を行うにあたって、記録は重要である。また、謝絶先についても疑わしい取引の届出を行うよう、ITシステム内で連携する方法もある。

（2）　**優先順位の考え方**

基本的に、上記は①から順番に実施しないと、④には到達しない。したがって、①のマネロンリスクに関連する顧客情報や取引に係る確認を行っていない部分は、早急に事務手続を定める必要がある。システムでのデータ保有は、基盤系で構築する場合は時間を要することもあるため、まずは、EUC（End User Computing：ユーザーが自分でプログラムを構築する簡易システム）等によるデータ管理から開始すべきである。データの蓄積を前もって進めておけば、システム稼働時にそのデータを移行することで、早期に効果を発揮することができるからである。

だからといって、①の顧客情報が完全に準備されるまで、リスク評価や検

知、顧客リスク格付を行わないということではない。まずは現状保有している範囲で情報を集める仕組みをつくり、リスク評価基準にのっとってアラート出力や格付の付与を実施しつつ、顧客受入方針に沿った管理態勢を構築する。つまり、保有する情報で一度、全体のプロセスを構築し、顧客情報が徐々に充実していくのに従って、システムやデータ連携の拡張や、ロジックのチューニングを実施していくことになる。先にシステム選定基準として柔軟性が必要と述べた理由も、多くの場合、このような段階的な対応が想定されるからである。

第 **5** 章

ウォッチリスト
フィルタリング

5-1 ▶ フィルタリングの概要

フィルタリングの目的と対象は何か

⑴ フィルタリングの目的

　金融機関は、日頃よりマネロンリスクにつながる情報を蓄積し、取得した顧客情報や取引情報について、リスク情報に該当しないかチェックを行う必要がある。

　リスク情報とは、規制等の観点から金融機関が取引すべきでない先（反社会的勢力、経済制裁対象者等）や、マネロンリスクが高いため区別して対応する必要がある先（PEPs等）がある。

　金融機関は、顧客の実態や取引内容を「知ろうとすること」「知りえた情報は確認すること」が求められている。言い換えると、金融機関は、取得・保有している情報のなかにリスク評価書に定めるリスク情報が含まれていたのに、フィルタリング対象としていなかったためにリスク低減策が図られなかった場合、「フィルタリングを行わないことで、リスク認識を得る機会を避けたのではないか」と問われる可能性があることに留意すべきである。

⑵ フィルタリングの5段階

　前章の「4-1　顧客管理の全体像」でも示したように、フィルタリングは、「顧客管理」の一環として実施し、顧客リスク格付の要素となり、取引方針の判断基準につながるものである。

　フィルタリング態勢については、実務上、5段階で考えられる。

①	顧客情報や取引情報を入力・登録する。
②	リスク評価や顧客受入方針をふまえてフィルタリングすべき情報（ウォッチリスト）を定め、取得・更新・保有する（人物・団体名や、国・地域名、商品名等の特定のワードをリスト化する）。
③	金融機関が取得・保有する情報（顧客情報、取引情報）に対して、ウォッチリストとマッチング（照合）を実行する。
④	検知された場合（ヒットした場合）は、一致度やヒットした内容を確認し、対応方針見直しや、顧客対応（謝絶・取引制御・取引解消等を含む）を行う。
⑤	確認や対応結果を追加情報として記録し、ウォッチリストの追加・更新や照合ロジックの精緻化を図る。

　上表②におけるリスク情報は、マネロン・テロ資金供与や金融犯罪のリスク、経済制裁など多様であり、さまざまな情報源から積極的に入手することが重要である。

・当局や公的機関（規制対象のリストやガイドライン、事例等）

・自社の内部情報（不正取引が判明した顧客等の情報を記録する）

・各種公的団体（消費者団体による金融犯罪被害発生情報等）

・インターネットで掲載される情報（各種の犯罪事案等）

　（ウォッチリストの詳細は、次項5－2を参照）

(3)　フィルタリング対象

　フィルタリングでは、金融機関が通常の業務を通して取得・保有している顧客情報や取引情報のすべてが対象となりうる。たとえば、顧客情報であれば顧客本人だけではなく実質的支配者や取引先、海外送金であれば送金相手や国・地域なども対象となる。

第5章　ウォッチリストフィルタリング　77

事例

■フィルタリング対象の例

対象種類	対象項目	対象の具体例
人物や団体	氏名／法人名、住所、設立／生年月日	顧客、代表者、実質的支配者、役員など
		勤務先
		送金であれば、送金人・受取人
国、都市、地域		顧客や取引関係者の国籍・居住地・本社所在地・営業拠点
		商流（原産地、船積地、経由地、最終消費地等）
商品（商品名・原材料名）、船舶		貿易金融に係る輸出入品目や船舶名（輸出入関連の海外送金を含む）
アクセス情報（電話番号、IPアドレス）		連絡先、認証情報

（注1）　新規あるいは既存の違いや、国内取引・外為取引を区別してスクリーニングと呼ぶこともあるが、本書ではフィルタリングという呼称で統一する。

（注2）　本書は、海外規制や経済制裁に係る記述は最小限としていることから、顧客のフィルタリングを中心に記述する。

（注3）　PEPs：本人あるいは親族が重要な公的地位にある（あるいは過去にあった）人物。

5-2 ウォッチリストの整備

何をリストとして使用するのか

(1) ウォッチリストとは

ウォッチリストとは、主に反社会的勢力や経済制裁者、PEPs等のハイリスク顧客に関する情報がまとめられたリスト情報を指す。ウォッチリストのタイプは、含まれる情報の違いから、①個人・法人リスト、②国・地域リスト、③職業・業種リスト、④貿易金融関連リストの4つに分かれる。

リストの種類	内　容
個人・法人リスト	・マネロンや金融犯罪のリスクの高い属性をもつ個人・法人 ・ネガティブ情報をもつ個人・法人 ・経済制裁等の指定先、もしくは抵触リスクのある個人・法人 ・自社の顧客受入方針として、謝絶もしくは消極方針の個人・法人
国・地域リスト	・経済制裁等の指定国 ・FATFが公表する資金洗浄・テロ資金供与対策に懸念のある国・地域
職業・業種リスト	・マネロンや金融犯罪のリスクが高い職業・業種
貿易金融関連リスト	・経済制裁等に関連した地名、港、船舶 ・大量破壊兵器に関連する転用可能な商品（デュアルユースグッズ）

本項では、個人・法人リストの作成に関して考慮すべき内容を中心に記述する。国・地域リスト、職業・業種リストについては、各社ごとに定義されたシステム上のコード値で初めからリストを準備することが多く、人名のよ

第5章　ウォッチリストフィルタリング　79

うに複雑な照合を必要としない。また貿易金融関連リストについては経済制裁等に関連するキーワードを管理することが中心となるが、本書では経済制裁対応についての詳細は扱わないため、具体的にリスト登録に必要となるキーワードについては、別の書籍等を参考にされたい。ただし、システムを使った照合方法については、個人・法人リストに準ずる対応となるため、本章の考え方・整理が参考となるだろう。

(2)　自社管理のウォッチリストの登録基準

金融機関は、潜在的なマネロンリスクを排除するため、外部情報や内部情報から、排除すべきブラック情報、あるいはより慎重に確認すべきグレー情報を収集することが求められている。収集すべき情報かどうかを判断する基準はいくつか存在するが、主に情報内容、規制内容、関係性、情報の信頼度など複数の観点を考慮して自社が管理するウォッチリストに登録する。

図表５－２－１　自社が管理するウォッチリストへの登録要否を判断する観点

情報内容に基づく観点	ネガティブ情報の内容（属性）の犯罪性が高い、あるいは、マネロン事案に結びつく可能性が高い。
規制内容に基づく観点	当局や法令で、取引禁止とされた制裁対象者である。
関係性に基づく観点	本人のみでなく周辺の関係者（親族、同時逮捕者、会社の役員など）である。
情報の信頼度による観点	情報の鮮度、情報源、記録の確実性による信頼度が高い。

ウォッチリストは、定期的に含まれる情報が最新の状態となるよう更新管理が求められる。特に更新手順を誤るとフィルタリングの有効性が下がるおそれがあるため、更新管理は内部規定を定めたうえで対応する。市販のリストを使用している場合は、通常リスト提供元の企業から更新用ファイルが提供されるため、更新手順に沿ってリストの内容を更新し、実施した内容を管理台帳に記録しておく。一方、自社が内部で管理するリストについては、大

部分の更新が手作業となるため、リスト管理手順について詳細な内部規定を定める必要がある。特に、同じ人物・団体に関する情報が重複することで不必要なリスト登録が発生していないか、もしくは古い情報がいつまでもウォッチリストに残りフィルタリングの誤判別の原因となっていないかなどを定期的に検証し、課題が見つかった場合は対応方針を検討する。

事例 **個人・法人リストの内容**

対　　象	リスト種類
マネロンや金融犯罪のリスクの高い属性をもつ個人・法人	・PEPs
ネガティブ情報をもつ個人・法人	・反社会的勢力に係る情報先 ・口座凍結等名義人リスト ・新聞情報や、社内情報によるネガティブ情報先
経済制裁等の指定先、もしくは抵触リスクのある個人・法人	・財務省の資産凍結等対象者リスト ・OFAC等のSDNリスト
自社の顧客受入方針として、謝絶もしくは消極方針の個人・法人	・社内での悪用事案や自社リスク評価に基づくリスト

参考 **マネー・ローンダリング及びテロ資金供与対策に関するガイドライン**

Ⅱ　リスクベース・アプローチ

Ⅱ－2　リスクの特定・評価・低減

(3)　リスクの低減

(ⅵ)　ITシステムの活用

【対応が求められる事項】

⑤　取引フィルタリングシステムについては、送金先や輸出入品目等に

ついての制裁リストが最新のものとなっているか検証するなど、的確
な運用を図ること

参考 **外国為替検査ガイドライン**

２．資産凍結等経済制裁に関する外為法令の遵守に関する項目

２－３　資産凍結等経済制裁への対応

(1)　内部における情報の周知

①　告示により資産凍結等経済制裁対象者が追加される等、規制の対象
が拡大、変更された場合に、直ちに管理者、担当部店にその内容を周
知する必要がある。

　（略）

②　上記①のように規制の対象が拡大、変更された場合に、電子計算機
による情報処理の用に供するために電磁的な方法により作成された資
産凍結等経済制裁対象者の氏名、住所等の情報を有する「制裁対象者
リスト」を更新して、預金取引等及び送金業務を取り扱う営業部店が
資産凍結等経済制裁対象者との取引か否かを確認するため、活用でき
るよう直ちに整備し周知する必要がある。

(注)　「制裁対象者リスト」の更新にあたって、外部のシステム等から
送信又は送付される資産凍結等経済制裁対象者に係る情報を活用す
る場合には、更新後の「制裁対象者リスト」に拡大、変更された規
制の対象が正しく反映されていることを確認し、確認した旨を記録
する必要がある。（以下略）

5-3 データのクレンジング

データをそのままフィルタリングに使用できるのか

　パッケージ製品を使用してフィルタリングを行う場合、通常はあいまい一致による照合機能によって、表記ゆれ程度であれば照合に使用するデータのノイズは除去される。ただし、人間が期待する結果を完璧に実現するAMLシステムは、いまのところ世の中には存在しない。人間がみれば不要と判断できる文字列であっても、AMLシステムがノイズと認識できない場合もあるだろう。たとえば、データ取得元の上流システムの仕様に依存してどうしても含まれてしまう記号や文字列など、一般的でないパターンのノイズはAMLシステムの標準機能だけでは除去されないことがある。このような不完全な状態でフィルタリングを実施してしまうと、本来検出されるべき照合結果がアラートとして生成されない、という事態になってしまう。このため、フィルタリングの照合ロジックで使用するデータ項目については、事前にデータクレンジングを行ったうえでAMLシステムに投入する必要がある。データクレンジングのパターンには、①入力形式のばらつきをなくすためのデータクレンジング、②入力された値の正確性を向上させるためのデータクレンジング、③イレギュラーな入力を整えるためのデータクレンジング、が存在する。

(1)　入力形式のばらつきをなくすためのデータクレンジング

　入力の値が正しくても、データの形式が異なればフィルタリングの際に正確に照合することができないおそれがある。このため、照合するそれぞれのデータ項目の内容を確認し、入力形式をそろえるためのデータクレンジング

第5章　ウォッチリストフィルタリング　83

を実施する。たとえば、生年月日の入力形式が西暦や元号など複数のフォーマットで記載されている場合は西暦にそろえるようにする、といった対応が必要となる。また、同じ西暦でも20180401（数字型）と2018/4/1（日付型）のように、異なる形式で記載されていては直接照合することができないため、データの型をそろえる変換を行ったうえでAMLシステムに投入する。

⑵　入力された値の正確性を向上させるためのデータクレンジング

時々刻々と変化する可能性があるデータ項目については、情報が古いままで陳腐化しないように適宜更新を行う必要がある。たとえば、住所に関する項目は政令指定都市への変更や住居表示の実施等の外部要因で変化することがある。リストの住所情報が古い定義のままだと、口座開設の申込情報に最新の住所が記載されていた場合、フィルタリングで照合した際の住所一致の範囲が狭くなり、照合結果が過小に評価されてしまうおそれがある。このため、リストに定期的に最新の住所情報を反映させるようデータクレンジングを実施する必要がある。

⑶　イレギュラーな入力を整えるためのデータクレンジング

自社で独自にネガティブ情報を収集してウォッチリストを作成する場合など、マニュアル作業が多く発生する場合は要注意である。ネガティブ情報を集める業務担当者は必ずしもITシステムに精通していないことが多いため、AMLシステムが理解できない形式でウォッチリストの各項目が入力されてしまうことがある。具体的には、職業の欄に勤務先が書かれているなど、項目定義と登録された内容が一致していなかったり、項目に説明のための余分な情報を書き込んでしまったりといったことなどがあげられる。特に後者は、AMLシステムにはその善意の説明が伝わらずに、ただのノイズとして扱われてしまう。たとえば、氏名の項目に「銀行太郎（別名は証券太郎）」と、付加情報として別名を記載してAMLシステムに読み込ませても、通常

のAMLシステムは「別名は」という言葉の意味について理解することができないため、「銀行太郎（別名は証券太郎）」という文字列全体を誤って名前と認識してしまうかもしれない。この場合は、「銀行太郎」が本当に口座開設にやってきても、AMLシステムはフィルタリング時に文字列上の差異だけで「銀行太郎」≠「銀行太郎（別名は証券太郎）」と判定してしまい、適切にアラートが生成されず、そのまま口座開設が行われてしまうリスクがある。また、運よく「銀行太郎」という名称をAMLシステムが認識しても「証券太郎」という別名は欠落してしまったり、逆に、「証券太郎」のみを認識して「銀行太郎」が欠落してしまったりする場合もあるだろう。もしくは「銀行太郎（別名は証券太郎）」という長い文字列は氏名としてありえないとAMLシステムが判断し、最終的に何も情報としてシステムに取り込まれないという場合も考えられる。どのような結果となるかはシステムの照合ロジックと入力データの内容次第であり、最終的に検知できるかどうかがわからない不安定な状態となってしまう。これは、有効性検証の観点からは通

図表５－３－１　イレギュラーな入力が存在する場合の対応例

イレギュラーな入力を「氏名」に含んだもともとのリストデータ

氏　名	生年月日	住　所
・・・		
銀行太郎（別名は証券太郎）	1970/10/30	××県○○市△△町１－１
・・・	・・・	

「氏名」を２回に分けて登録するクレンジングを行ったリストデータ

氏　名	生年月日	住　所
・・・	・・・	・・・
銀行太郎	1970/10/30	××県○○市△△町１－１
証券太郎	1970/10/30	××県○○市△△町１－１
・・・		

「別名」という項目を加えるクレンジングを行ったリストデータ

氏　名	別　名	生年月日	住　所
・・・	・・・		
銀行太郎	証券太郎	1970/10/30	××県○○市△△町１－１
・・・			

常、検知できないことと同様とみなされてしまう。

　本来１つの項目には１つの値が記載されるべきである。上記の例では、「氏名」という１つの項目に「銀行太郎」と「証券太郎」という２つの名称が含まれていることでデータの正確性が失われてしまっている。このため、それぞれの名称を抽出し、「氏名」のデータに２回に分けてリストに登録したり、「氏名」の項目には「銀行太郎」、そして「別名」という項目を新設し「証券太郎」を登録したりするなどのデータクレンジングが必要となる。こうして入力されたデータのイレギュラーパターンを網羅的に洗い出し、ウォッチリストを作成している担当者に、適宜データ入力に関するノウハウを還元することにより、ウォッチリスト作成段階で不要なノイズが含まれないようにする。

事例

　金融機関Ａでは、フィルタリングのウォッチリストに、自社のコンプライアンス担当者が作成した個人の漢字氏名を含む新たなデータを追加することとなった。システム担当者がファイル内のデータの入力状況について異常がないか確認したところ、文字列の長さが10を超えるデータや、特殊文字（＆や＃などの文字）が含まれるデータなど、個人の氏名としては不自然なデータが存在したため、さらに詳細な調査を行った。

　調査の結果、文字列長が10を超えるデータは、氏名の後に勤務先の会社名が続けて入力されていることがわかった。これらのデータは個人氏名の項目としては不適切なので勤務先の部分を削除し、氏名の部分のみを残す対応とした。特殊文字が含まれるデータは氏名の後に"（旧姓××）"との記載があり、丸カッコ記号が特殊文字として検出されたものであった。これらのデータについては丸カッコ記号以降の部分を削除した氏名のデータと、姓の部分を丸カッコ記号内の旧姓で置き換えたデータの２件に分けて登録し直した。本ファイルの作成者にはウォッチ

リストの入力形式に制限がある旨を伝え、次回の更新ファイルの作成の際には、今回適用したルールに基づきデータを入力してもらうように依頼した。

5-4 ▶ フィルタリングロジックの検討

フィルタリングの照合ロジックは
どのように設定すべきか

(1) フィルタリングの照合ロジックの検討

　AMLシステムのフィルタリング機能は、反社会的勢力のチェックや経済制裁対応など、基本的に1件の取りこぼしも許されない完全性が求められる業務で使用される。多少の誤アラートは許容してでも取りこぼさないことのほうを優先するため、フィルタリングの照合ロジックには、幅広い候補をアラートとしてあげる、あいまい一致（ファジーマッチング）が使用される。一方で、照合の幅が広過ぎて膨大な量のアラートが発生してしまうと、誤アラートの調査に大きな負荷がかかってしまう。このため、フィルタリング機能の各種パラメータは、照合ロジックのあいまい度合いが適度な範囲となるように定める必要がある。

　フィルタリングの照合ロジックを検討する際に指針となるのは、財務省国際局による「外国為替検査ガイドライン」であろう。本ガイドラインには照合ロジックの考え方について、具体的な表現が多く含まれている。たとえば、「資産凍結等経済制裁への対応」の部分には、「照合にあたっては、完全一致の場合のみを検索するのではなく、単語毎に検索するなど類似する預金口座名義を抽出した上で、幅広い候補から順次絞り込みを行っていく等、適切な照合を行うこと」とある。この記載から、照合ロジックには完全一致のみでなく、部分一致やあいまい一致なども使用して、システム上で一定量のアラートを幅広く生成したうえで調査を実施することが想定されているとわかる。本ガイドラインは基本的に外為業務を意識したものだが、照合ロジッ

クに関する基本的な考え方として、反社チェックなどの他の業務にも応用することができるだろう。

（2）　照合ロジックの設定方法

システムの観点からフィルタリングの照合ロジックを考えると、①対象（人物や団体、輸入品目、国などフィルタリングの対象が何か）、②項目（氏名、団体名、別名、住所、生年月日、国籍、居住国、輸入品目など、照合ロジックのなかでどんな種類のデータを使用するか）、③言語（漢字、カナ、アルファベットなど、各項目がどの言語表記で入力されているか）、④あいまい度合い（各項目の照合をどの程度ファジーに行うか）、⑤判定基準（一致した項目数やスコアなど、どのような判定基準でアラートを生成するか）の5つの要素が存在する。以下では人物や団体を対象としたフィルタリングを例に、ロジックの設定方法の考え方について述べる。

人物・団体に関するフィルタリングの照合ロジックは、まず名称（または別名などの名称に準ずる項目）が一致することが前提であり、その他の住所、生年月日、国籍、居住国の項目は照合結果の信頼性（ウォッチリストで登録されている人物・団体と本当に一致している可能性）を高める要素として使用される。特に人物の氏名については、漢字やアルファベットなど、戸籍上の表記が一致することが重視される。カナ氏名については自由に顧客が申告することが可能であり、疑われることを嫌う顧客は自身の氏名のカナ表記を変えてくる場合があるからだ（たとえば、「楽」という字を「ガク」や「ラク」と読ませたり、「吉」という字を「キチ」や「ヨシ」と読ませたりすることが可能である）。名称については完全一致のみでなく、漢字名の新旧字（「辺」と「邊」を同一とみなす、など）や法人格の表記（「株式会社」と「（株）」を同一とみなす、など）の揺れを吸収するあいまい一致による照合を行う。この時、あいまい度合いを広げ過ぎると誤アラートが多くなってしまうため、使用するフィルタリング機能の仕様について理解し、適切なあいまい度合いを設定する。パッケージ製品を使う場合は、あいまい一致に関するロジックの仕様が

第5章　ウォッチリストフィルタリング　89

公開されていない場合があるため、本番運用前にサンプルデータによる照合結果の分析や一定の試行期間を設けることによって、適切なあいまい度合いの設定方法を検討する。生年月日は基本的に変化しない属性であり、一致すれば最もアラートの信頼性を高める項目といえる。ただし、年だけで月日の情報が存在しない場合や「1960年頃」といったあいまいな情報しか存在しない公的なリストも多く存在するため、生年月日についても完全一致のみでなく前後数年程度は幅広に照合を行う必要があり、完全一致でない場合は信頼性を割り引くなどの対応が必要となる。住所は顧客自体の移転によって変化するため、絶対的な指標とは言いがたいが、詳細に一致した場合はアラートの信頼性を高める要素となるため照合ロジックに使用することが多い。リストによっては国しかない、もしくは都道府県までしかない、という場合もあるため、住所については全体を一度に照合するのではなく、国、都道府県、市区町村、町名と段階的に照合して一致した度合いを確認する。

(3) 照合結果の確認と設定のチューニング

最終的に照合に使用した各項目の一致状況からアラートを生成するかどうかを決定する。名称がリストに一致した場合、もしその名称が非常に珍しいものであれば、その段階でリストと一致したと断定することができる可能性があるが、同姓同名（もしくは同じ法人名）の顧客が複数存在することも頻繁にある。よって多くの場合は、生年月日や住所などの追加情報の一致状況を加味して、本当にリストに登録された人物・団体と同一かどうかを検証することになる。少なくとも名称と生年月日が完全に一致した場合や、名称と住所がある程度詳細に一致した場合は、アラートとして抽出し調査を行うことになるが、何がどの程度一致すればアラートとして適切といえるのか普遍的な正解は存在しない。よって、使用するフィルタリング機能の特性を考慮して、システム運用開始前に必ずシミュレーションによるチューニング期間を設けるべきである。たとえば、過去にウォッチリストに該当有として自社で認識している顧客データと、使用するウォッチリストを突き合わせてバッ

クテストを行い、再度フィルタリングによって当該顧客の抽出が可能か、不要なアラートは多数発生していないか、などを確認しながら照合ロジックの設定をチューニングする。

参考　外国為替検査ガイドライン

２．資産凍結等経済制裁に関する外為法令の遵守に関する項目

２－３　資産凍結等経済制裁への対応

(3)　資産凍結等経済制裁対象預金口座の有無の確認

②　(iii)　照合基準等

　イ．情報システム等を利用して照合するにあたり、資産凍結等経済制裁対象者の仮名名のみならずアルファベット名の情報（別称を含む）を用いて、名義照合を幅広く行うこと。

　ロ．照合にあたっては、完全一致の場合のみを検索するのではなく、単語毎に検索するなど類似する預金口座名義を抽出した上で、幅広い候補から順次絞り込みを行っていく等、適切な照合を行うこと。

第5章　ウォッチリストフィルタリング　91

5-5 新規先顧客・取引時・既存先顧客の フィルタリング

フィルタリングはどのようなときに行うのか

(1) 新規先顧客（事前）のフィルタリング

① 事前フィルタリングの必要性

　マネロン・テロ資金供与の発生を防止するためには、できるだけ取引を開始する前に十分確認を行うことが重要である。特に制裁対象者や反社会的勢力に関連する対象者の取引は未然に排除する必要がある。

② 対応上のメリット

　新規顧客の口座開設については、取引開始時は、適切な調査に基づく合理的な判断であれば、契約自由の原則に基づき口座開設を謝絶することができる。

　しかし、口座開設後に、口座名義人の意思に反して口座を取引停止もしくは解約する場合は、預金約款（預金規程）や法令（犯罪収益移転防止法や振り込め詐欺救済法）の適用によるところとなり、顧客対応上の負担も大きくなる。したがって、できるだけ取引や契約が成立する前に実施することが望ましい。

(2) 取引時（決済時）のフィルタリング

　取引時（決済時）のフィルタリングは、リアルタイムで実施されることが多く、対応時間が非常にタイトになる。ヒアリングや追加調査にかけられる時間が限られることも多く、トラブルやクレームとなる可能性も高い。本部・営業店ともに、対応者の知識やスキルが必要となる。可能な範囲で事前

受付（WEBページでの申込み等）を行い、金融機関から事前に必要な申告事項を十分提示するなどの方法で、円滑な受付のための工夫をすることが必要である。

(3) 既存先（事後）のフィルタリング

フィルタリングは、既存先も、新規先と同様に実施する必要がある。なぜなら、顧客属性や実質的支配者は変化するものであり、また、ウォッチリストも随時更新されるものであるから、各々の変化のつど、あるいは定期的（日次や月次等）に照合することが適切である。

必ずしも謝絶や受付段階での追加調査を要さないレベルのリスク情報（取引が開始してから強化モニタリングするなどによりリスク低減が可能である場合）は、事後フィルタリングでチェックを行うという選択肢も検討可能であろう。

(4) フィルタリングの留意点

一貫した顧客受入方針の観点からは、事前も事後も、同じリスクポリシー（同じウォッチリストや同じ照合ロジック）でフィルタリングを行うことが原則である。なお、フィルタリングを適用するには、事前であれ事後であれ、合理的な根拠や十分な調査を経ていることが求められる。

フィルタリングで用いるリスト情報は、不完全な情報（氏名のみ等）であることも多く、また単に相対的にマネロンの可能性が高いことを示唆するのみであり、直ちに不正取引とは断言できない情報もある（マネロン上の要注意国等）。リスクのある先については同一性の判定作業や追加的な調査を行うなど、慎重に確認したうえで、取引可否を判断する必要がある。一致度の確認や追加調査を行わず、安易に一律謝絶する対応は、正当な金融機能から顧客を過剰に排除することになり（デ・リスキング）、金融機関としては、決済機能提供の公共性の観点からも慎重に対応する必要がある。

第5章　ウォッチリストフィルタリング　93

5-6 該当した場合の対応

ウォッチリストに該当したらどうするか

(1) リスクに応じた対応方針

　ウォッチリストのリスク内容や、マッチング結果の一致度（同一先かどうか判断するための情報の一致度合い）に応じて、リスクベースで対応方針を決めておくことも考えられる。

① ウォッチリストのリスクレベル

　リスクの高いウォッチリストに該当した場合は、事前チェックでの謝絶が求められる。謝絶方針ではないグレー先のウォッチリストに該当した場合は、追加調査を行うか、謝絶せず取引開始後も継続的に強化管理する。具体的には、フラグ管理等により継続的に強化した取引モニタリングや、頻度の高い情報更新を行う。

② 一致度合いによるリスクレベル

　たとえば、氏名・生年月日・住所も一致し、照合結果に疑いの余地がない場合は、即対応する。ウォッチリストに年齢のみの情報があり生年月日が不明の場合、氏名と年齢のみで一致しても直ちに同一人物とはみなせないことから、追加調査を行うか、フラグ管理してまずは取引モニタリングを強化することから始めることも考えられる。

(2) エスカレーション（上級管理者の承認・本部協議等）

　ウォッチリストに該当した場合、上級管理者の承認や、本部（第2線）協議のルールを定めておく必要がある。

謝絶した場合も含め、疑わしい取引の届出はもちろんのこと、本部等への報告により、社内での情報共有と傾向分析が必要である。なぜなら、ハイリスク先の申込みが多いこと自体が、自社がなんらかのリスクにさらされている可能性を示唆するからである。たとえば、特定の営業店に、ネガティブ情報先の口座開設申込みが続く場合、近隣他行で口座解約や排除が進む一方で、犯罪集団から当該店舗は比較的緩やかな対応であるとみなされているため口座開設の申込みが集中している、という仮説も考えられ、対策を講じる必要があるかもしれない。

(3) 本当に検知しているのか

フィルタリングシステムを導入すると、該当したアラートの処理に気をとられがちであるが、常に真に排除すべきものをとらえられているか、疑問を持ち続けることが必要である。顧客情報や取引情報の充実（鮮度や深度）、情報のデータベース化、ウォッチリストの信頼性、照合ロジックの適切性等、フィルタリングの有効性を検証し続ける必要がある。

第 **6** 章

顧客リスク格付

6-1 ▶ 顧客リスク格付の概要

なぜ顧客リスク格付を行うのか

⑴ 顧客リスク格付の目的

　第4章4－1の「顧客管理の全体像」でも述べたように、顧客管理のプロセスは、顧客把握、フィルタリング・取引モニタリングによる検知・調査、顧客リスク格付、管理強化・謝絶や取引制限であり、これらの実施によりリスク低減を図っていく。

　顧客のマネロンリスク管理とは、悪用事例の傾向や自社のリスク状況を分析した結果をふまえて、一定の顧客リスク評価方法を策定し、全顧客について、リスク度合いや内容に応じて追加確認や強化管理を行うことである。

　一方で、多数の顧客と多様な取引を行う金融機関において、個々の顧客をつど詳細に調査することは現実的にはむずかしい。全顧客のリスクレベルを、一定の基準でH（ハイ）／M（ミドル）／L（ロー）等に格付し、ハイリスクの顧客に限られた資源を投下することで、合理的・効率的にリスク低減の効果（有効性）を向上させる仕組みを検討する必要がある（リスクベース・アプローチ）。

　顧客リスク格付は顧客のリスク度合いを評価するための1つの方策であるが、実際の個々の顧客のプロファイルや取引振りは、1つとして同じものは存在しない。顧客を確認・調査する際は、一定の基準で行った顧客リスク格付を過信することなく、予断をもたずに個々の顧客の本当の実態、つまり真の実行者、取引目的、資金内容を把握するように努めなければいけない。深度ある確認を行い、リスクに応じて謝絶や取引制限、あるいは「疑わしい取

引の届出」を行ってはじめて、リスク低減につながるのである。

(2) 顧客管理に係るリスク評価と顧客受入方針（経営陣の関与）

① リスク評価

顧客リスク格付の根拠として、自社の顧客について、全社的なリスク分析・評価がなされていることが重要である。何を評価項目とするかは、各社の顧客情報のデータベースや疑わしい取引や悪用事例の発生傾向によって異なる。

② 顧客受入方針

顧客リスク格付の結果は、多様な商品・サービスの取引方針や、現場の顧客対応に反映される。さらに、顧客リスク格付に基づき、謝絶や取引見直し（取引制限や解約等）も行う。第1線である推進部署もリスク認識を共有し、事務管理部門もリスク格付に応じた取引受付時等の事務システムを構築する必要がある。

明示的な顧客受入方針がないと、新たな取引のつど、関係部署との意見調整や個別協議が発生し、結果として属人的な判断の余地を生み、取引見直しに至らず、本質的なリスク低減が図られない懸念がある。

③ 経営の関与

全社的に一貫性があり、組織的で迅速・合理的なリスクベース・アプローチを実現するには、全社リスク管理の観点から経営が関与し、組織横断的に取り組む必要がある。顧客リスク格付の結果もリスク評価書に記載する等の方法で経営に報告し、自社の顧客リスク認識を組織として共通のものとする。

(3) 顧客リスク格付の5段階

顧客にリスク格付を付与するには、顧客の属性や取引状況を、多面的なマネロンリスクの観点から評価する必要がある。

まずは顧客の情報をしっかり把握し（図表6－1－1①）、フィルタリングや取引モニタリングにより、一定の情報や検知基準をもとにハイリスク先の

第6章　顧客リスク格付　99

洗い出しや調査を行い（②③）、定性面で相対的にリスクの高い属性でないか確認する（④）。それらの結果を含めた顧客リスク評価項目を、絶対基準・相対基準（詳細は6－2参照）として集計し、総合評価としての顧客リスク格付を設定する（⑤）。

また、リスク格付結果（⑤）をふまえて顧客の把握やモニタリングを強化し、当該顧客との取引を見直す。それらを継続的に行うことが「継続的顧客管理」であり、顧客の把握を深化させ、実態に即したリスク管理を実現するプロセスである。

図表6－1－1　顧客リスク格付の"5段階"（多面的・複合的・動的なリスク把握）

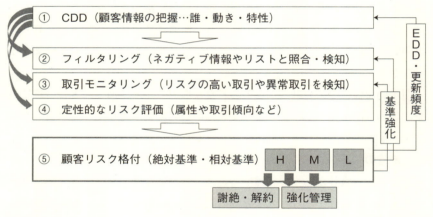

事例

上記5段階の例
・既存先の法人について、取引時確認や取引情報、取引先担当者の得た情報を記録……①
・定期的に法人名・実質的支配者等について反社関連や制裁リストでの照合を実施……②

・定期的に取引モニタリングを行い業種や年商に比して不自然な取引が
　ないか確認……③
・②③とも該当がなく、当初L（ローリスク）としていたが、マネロン
　上の要注意国に営業拠点があり貿易を行っていることが判明したた
　め、一定のリスクがある先として評価……④
・当該顧客をM（ミドルリスク）とした……⑤
　リスク格付結果をふまえ、顧客情報の定期更新頻度を高め、取引モニ
タリングも強化シナリオを適用するとともに、取引担当者を通じて商流
の把握に努め、新たな取引拡大の際は上級管理者の承認を得ることとし
た。

参考　マネー・ローンダリング及びテロ資金供与対策に関する
　　　　ガイドライン

Ⅱ　リスクベース・アプローチ

Ⅱ－2　リスクの特定・評価・低減

(3)　リスクの低減

(ii)　顧客管理（カスタマー・デュー・ディリジェンス：CDD）

（略）

　　顧客管理の一連の流れは、取引関係の開始時、継続時、終了時の各
　段階に便宜的に区分することができるが、それぞれの段階において、
　個々の顧客やその行う取引のリスクの大きさに応じて調査し、講ずべ
　き低減措置を的確に判断・実施する必要がある。

　　金融機関等においては、これらの過程で確認した情報を総合的に考
　慮し、全ての顧客についてリスク評価を実施するとともに（中略）

【対応が求められる事項】

⑤　信頼性の高いデータベースやシステムを導入するなど、金融機関等
　の規模や特性等に応じた合理的な方法により、リスクが高い顧客を的

第6章　顧客リスク格付　101

確に検知する枠組みを構築すること

⑥ 商品・サービス、取引形態、国・地域、顧客属性等に対する自らのマネロン・テロ資金供与リスクの評価の結果を総合し、利用する商品・サービスや顧客属性等が共通する顧客類型ごとにリスク評価を行うこと等により、全ての顧客についてリスク評価を行うとともに、講ずべき低減措置を顧客のリスク評価に応じて判断すること

6-2 ▶ 顧客リスク格付の実務対応

顧客リスク格付をどのように行うか

(1) 顧客リスク格付の基準

　格付の手法は、各社のリスク分析に基づいて行うものであり、単一の手法があるわけではない。実際に顧客リスク格付に基づき、顧客管理を強化していくなかで高度化していくものでもある。以下は、筆者がリスク格付を実施・活用するなかで整理した考え方であり、1つの事例としてご紹介する。

① 相対基準

　あるリスク評価項目について、当該顧客が属するカテゴリーが、他のカテゴリーより相対的にマネロンの発生する可能性が高いと推察される場合で、その項目だけでは直ちに強化管理とまでにはならない場合、複数のリスク評価項目の判定結果をスコア化してリスクの度合いを評価する。これを相対基準と呼ぶ。

② 絶対基準

　当該顧客に係るなんらかの特定のリスク情報がある場合、あるいは、すでに検知（フィルタリングや取引モニタリング）に基づいて内容を検証し判断している場合は、その結果は尊重されるべきであり、相対基準においてリスクが低いと評価されても、優先して考慮すべき情報である。これを絶対基準と呼ぶ。

③ 総合評価

　相対基準と絶対基準を総合して、顧客別にリスク格付を行う。絶対基準によるリスク格付と相対基準によるリスク格付の結果を比較して、より高いほ

第6章　顧客リスク格付　103

うをその顧客の最終的なリスク格付とする。

(2) 常に動いていくもの（ダイナミックアプローチ）

　顧客リスクは常に動いていく。評価対象の情報（顧客属性、取引内容、実質的支配者等）が変わる。さらに評価基準となる情報（ネガティブ情報、経済制裁、犯罪傾向等）も変わる。評価対象と評価基準の双方が変わるということは、顧客リスク格付は静的ではなく動的であり、多面的・流動的な情報を統合しダイナミックにリスクをとらえ、迅速に対応していく必要があることを意味する。

(3) 顧客の実態把握（調査、EDD）に基づく取引見直しが重要 （格付が目的ではない）

　前述（6-1参照）の5段階のプロセスを形式的に実行すると、"予言の自己成就（注）"が発生する可能性があるので、注意が必要である。たとえば、ある業種のマネロンリスクが高いと定義した場合、その業種に該当した顧客を一律ハイリスクとして格付し、その業種であることを理由に一律に謝絶したり、あるいは強化した取引モニタリングを実施したりして、検証が不十分なまま盲目的に「疑わしい取引の届出」を行うと仮定する。実はその業種は、他業種よりも資金洗浄事案の可能性が低いということが真実であった（もしくは低く変化した）としても、この循環のなかで、永遠にハイリスク業種に固定化されてしまう。

　一方、しっかり調査（EDD）を行い、実態把握に結びついた運用がされていれば、循環のなかで適正化されていくことになる。つまり、いったんはハイリスクに区分され、強化された取引モニタリングシナリオで検知されたとしても、その後EDDを実施した結果、検知された取引は合理的な取引であったと確認した事例を重ねることで、その業種の届出比率や悪用事例は低いことがデータ化され、最終的にハイリスク業種としての管理から除外されていくであろう。

つまり、上記の5段階のプロセスの各々の機能を適正に発揮することで、顧客リスク格付をコアとするリスクベース・アプローチが、継続的かつ有効に機能することになる。

| 参考 | マネー・ローンダリング及びテロ資金供与対策に関するガイドライン |

Ⅱ　リスクベース・アプローチ

Ⅱ－2　リスクの特定・評価・低減

(3)　リスクの低減

(ⅱ)　顧客管理（カスタマー・デュー・ディリジェンス：CDD）

【対応が期待される事項】

a．商品・サービス、取引形態、国・地域、顧客属性等に対する自らのマネロン・テロ資金供与リスクの評価の結果を総合し、顧客ごとに、リスクの高低を客観的に示す指標（顧客リスク格付）を導入し、これを随時見直していくこと

b．顧客の営業実態、所在等が取引の態様等に照らして不明瞭であるなどのリスクが高い取引等について、必要に応じ、取引開始前又は多額の取引等に際し、例えば、顧客やその実質的支配者との直接の面談、営業拠点がない場合における実地調査等、追加的な措置を講ずること

（注）　予言の自己成就（R.K.Merton）……最初の誤った状況の規定が新しい行動を呼び起こし、その行動が当初の誤った考えを真実（リアル）なものとすること。

6-3 ▶ 顧客リスク格付に基づく新規先、既存先の対応

どのように全顧客にリスク格付を付与すればよいのか

（1） 新規先の顧客リスク格付

① 情報の制約

新規先は、顧客属性および定性的な情報、その他、今後の取引予定などをヒアリングするが、取引が開始されていない段階であり、既存先に比べて情報量も限定的となるため、顧客リスク格付も「仮判定」という性質をもつ。

取引目的については、類型を選択するにとどまらず、マネロンリスクが高い事業性決済などは商流もヒアリングしておく。事後の取引モニタリングにおける検証の精度が向上し、取引解消の交渉を行う場合にも、当初のヒアリングが有効な材料となる。

② 円滑な受付

新規先の顧客リスク格付判定は、店頭であれば、顧客に応対しながらのリアルタイムの対応となる。よって、実務対応としてはできるだけ早い段階で一定の情報を取得し、事前にリスクチェックしておくことで円滑な受付が可能となる。そのためには、店頭の受付フローを工夫したり事前受付（郵送やWEB等）を拡大する等の対応が考えられる。また、顧客にあらかじめ申告してもらう事項を案内しておくことも大切である。

③ ITシステムによるリスク格付

新規先の受付は、約款等の説明事項や商品説明など対応事項が多く、マネロンリスクの判断も加わり、負担が大きい業務となっている。

紙のチェックリスト（判定シート）を使う場合もあるが、詳細なチェック

と多様な対応パターンのため複雑なものとなる。顧客の待ち時間、現場の業務負担軽減、対応の温度差を最小限にする等の観点からは、新規先のリスク格付判定をシステム化することも対応策の1つとなる。

また、顧客に記入してもらったヒアリングシートをすみやかに判定するために、OCRによる読み取り等のIT技術も活用し、対応時間の短縮と堅確化を図っていきたい分野でもある。

ITシステム活用により、対応の円滑化だけではなく、受付時の情報がデータ化され、既存先のリスク評価を行う際にも活用できるので、継続的顧客管理の情報充実につながる。

(2) 既存先の顧客リスク格付

既存先は、全顧客を対象として、顧客情報やリスク評価項目の変化があればすみやかにリスク格付を見直す必要があるため、大半の金融機関は、格付の付与を手作業で行うのは困難であろう。

リスク格付モデルを搭載したシステムに必要なデータを連携して、月次や随時にリスク格付作業を実施する。ただし、システムで格付を行う場合は、顧客情報・取引情報や、フィルタリングや取引モニタリングの検証結果、定性的リスク定義（商品リスクや国・地域リスクを定めた一覧表）を、データとして保有していることが前提となる。

(3) 格付の承認と変更管理等

① ITシステムで自動的に格付を付与する場合

システムによって顧客リスク格付の付与を適正に実施するためには、データや評価モデルについて、適切に更新や管理が行われており、自社ポリシーや当局要請に対応していること（データガバナンス、モデル管理）が前提となる。それらが維持されており、一連のプロセスについて組織の承認を得ていれば、つどの格付は一定程度自動化され、変更もシステム管理することが可能だろう。ただし、その場合でも、ハイリスクに認定された場合は、EDD

第6章　顧客リスク格付　107

などを別途マニュアルで行う必要があり、上級管理者の承認等が必要となる。

② **チェックシート、あるいはつどの手作業による格付の場合**

ITシステムを使わない場合も、基本的な考え方は、システム対応の場合と同じである。ただし、手作業や人の判断が介在している部分については、第三者精査や承認プロセスを組み入れることが必要となるだろう。

(4) 顧客リスク格付の活用

① **取引拡大の際の活用**

既存先については、多様なチャネル（店頭、渉外訪問、ATM・WEB・スマホ等の非対面チャネル等）により、新たな取引を行う機会が提供されている。本人確認が未完了、反社会的勢力の疑いあり、振り込め詐欺口座の疑いあり等のリスク情報については、システムフラグとして保持し、取引を制御している金融機関も多いだろう。顧客リスク格付についても、ハイリスク先であれば、エビデンスを求めたり、より詳細な取引内容のヒアリングを行ったりするなど、通常より注意を払って受け付ける必要がある。たとえば、取引に際しシステム的な承認プロセスを設けたり、担当者が参照できる端末にリスク格付がハイリスクとなった要因を表示したりするなど、区別して対応すべきである。

② **継続的顧客管理における情報更新への活用**

取引開始時には、取引時確認等により顧客や関係者の情報を取得している。しかし、情報は変化するものであり、取引時確認の際に提示された本人確認資料の有効期限が到来すれば、当初のエビデンスとしての効力も失われる。特にハイリスク顧客については、より注意を払って管理する必要があることから、顧客情報の更新の頻度を高め、金融機関から能動的に確認する必要がある。

③ **取引モニタリングでの活用**

システムによる取引モニタリングにおいては、生成されたアラート数に対

する疑わしい取引の届出の割合を上げることで、誤アラートを抑止し実効性のある検証態勢を構築することが求められている。リスクの高い顧客について、精緻なシナリオや閾値を下げる等の方法でよりきめ細やかに検知を行うことで、深度ある検証をすることになり、取引モニタリングの実効性を上げることができる。

④　**第2線におけるモニタリングへの活用**

　マネロンリスクの管理態勢においては、リスク把握の観点から、第2線（コンプライアンス部門等）においてモニタリングを行うことが求められている。リスク格付の結果と、そのもととなるデータベース（リスク評価項目ごとの評価結果を保有）を活用して、ハイリスク顧客が多い取引店や、一定のリスク評価項目の統制状況についてテスティングを行うことも考えられる。また、一般に、顧客リスク格付のデータベースは多様なリスクの切り口でデータを抽出することも可能であることから、第1線との統制に係る協議を行う際の分析情報としても活用ができる。

6-4 ▶ 顧客リスク格付モデルの概要

顧客リスク格付モデルの定義を
どのように行えばよいのか

　顧客のリスク格付を行うためには、個々の顧客のマネロンリスクをリスクスコアに定量化した、顧客リスク格付モデルを定義する必要がある。顧客リスク格付モデルの中身や作成方法は各金融機関に委ねられており、絶対的な基準が存在するわけではない。ただし、顧客リスク格付モデルをどのように考え、構築していくかといった作成プロセスについては、一定のフレームワークが存在する。本項では、顧客リスク格付モデルの作成手順について概要を説明する。

(1) 自社のリスク評価書を起点とする

　顧客リスク格付モデルは、自社のマネロンリスクの評価結果であるリスク評価書と整合性がとれている必要がある。言い換えると、リスク評価が適切に実施されていれば、リスク格付モデルの内容もおのずとみえてくる、ということになる。よって、リスク格付モデルの作成からいきなり取り組んでもよいリスク格付モデルは作成できないだろう。他社の事例についてヒアリングすることも参考にはなるが、単に他社事例を寄せ集めただけの顧客リスク格付モデルを安易に作成し、後から自社のリスク評価書をあわせにいくような状況では本末転倒である。これと同じように、パッケージ製品を使用して顧客リスク格付機能を実現する場合であっても、パッケージ製品にあらかじめ設定されている顧客リスク格付モデルをそのまま使用するのではなく、あくまでも自社のリスク評価結果と一致するようにチューニングを加える必要がある。

(2) 観点ごとにリスク評価項目の分類を行う

　金融庁のAML/CFTガイドラインでは、顧客属性、国・地域、商品・サービス、取引形態の4つの観点からリスク評価を実施することが期待されている。これらの観点は、顧客リスク格付モデルではリスク評価項目を束ねるグループとして定義される。リスク評価の段階で洗い出した各リスク評価項目がどのグループに該当するかを整理すると、おおよそ顧客リスク格付モデルの骨格ができあがる。

図表6－4－1　顧客リスク評価項目を顧客属性、国・地域、商品・サービス、取引形態の4つのグループに分類した例

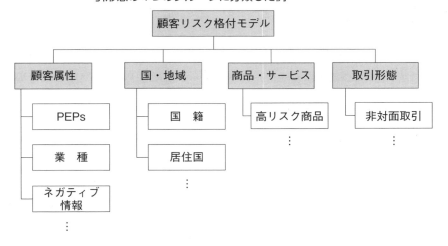

(3) リスク評価項目とデータ項目のマッピングを行う

　次に、各リスク評価項目をAMLシステムが認識できるデータ項目の形式で表現する。具体的には、リスク評価項目ごとにデータ項目のもととなるデータをどこから取得し、どのような変換が必要となるのかを記載したデータマッピング表を作成する。

図表6－4－2　リスク評価項目と対応するデータ項目のマッピング例

リスク評価項目	データ項目名	データ項目作成条件
PEPs	PEPsフラグ	「顧客情報テーブル」に含まれる「PEPsフラグ」を使用。
国　籍	国籍コード	「顧客情報テーブル」の「国籍コード」を使用。
大量の現金入金	月次現金入金額	月間の「トランザクションテーブル」に含まれ、取引種別が「現金入金」に該当する取引の「金額」を集計。
…	…	…

　既存システムで利用できるデータのなかに的確なデータ項目が存在しない場合は、システム部門と連携して他のデータソースからデータを追加取得するなどの対応を行う。しかし、現実にはプロジェクトのスケジュールの都合上、AMLシステムの稼働までに必要なデータ項目をすべてそろえることができない場合もあるだろう。その場合は、データ取得を継続的な課題としてシステム部門と共有・管理したうえで、まずは最大限そろえられるデータ項目を使用した顧客リスク格付の運用を開始することを目指す。顧客リスク格付モデルについては一度作成したら終わり、というわけではない。運用後も定期的に有効性を検証し、見直すことが求められる。いずれかの見直しのタイミングで新しいデータ項目を追加して、顧客リスク格付モデルをあるべき姿に近づけていくようにする。

　導入するパッケージ製品の仕様にもよるが、AMLシステムにおける顧客のリスク評価は、リスト照合による判定、数量比較による判定、フラグによる判定のいずれかの方法で行われるため、それぞれのデータをどのような形式で準備するのかについても整理を行う。

① 　リスト照合による判定

　顧客の国籍がどこの国か、もしくは顧客がどのような商品を保有しているかなど、対象のデータ項目に複数の種別が存在し、その内容に応じてリスク

スコアが変化する場合の判定方法である。この方法によって判定を行う場合は、国名とその国のリスクスコアを記載したリストや、商品名とその商品のリスクスコアを記載したリストを事前に準備する必要がある。

② **数量比較による判定**

顧客が保有している商品の金額や、特定の商品の取引回数など、数量に応じてリスクスコアが変化する場合の判定方法である。事前にリスクスコア付与の基準となる閾値を定義する。たとえば当月の現金入金額というリスク評価要素が存在する場合、リスクスコアを付与する閾値は100万円以上とする、といった条件を事前に定める。

③ **フラグによる判定**

顧客属性が、ある条件に該当するかどうかによってリスクスコアを付与する場合に使用される判定方法である。たとえば、法人顧客が上場企業か否かというリスク評価要素が存在する場合、1／0もしくはYes／No形式でデータを保持したうえで、該当した場合（もしくはしなかった場合）に付与するリスクスコアを事前に定める。

(4) リスク評価項目を絶対基準と相対基準に分類する

顧客リスク格付モデルで使用されるリスク評価項目について、絶対基準による評価を行う項目と、リスクスコアを用いた相対基準による評価を行う項目に分類する。絶対基準による評価は、他のリスク評価項目の該当状況にかかわらず、そのリスク評価項目に該当すればその顧客をハイリスク（もしくはミドルリスク）とするものであり、ほとんどの場合、規制対応や業務的なリスク評価の結果から決まるものである。一方、相対基準による評価は、個々のリスク評価項目について相対的なリスク度合いを定量化したリスクスコアを決めたうえで、該当したリスク評価項目の合計スコアの値に応じてその顧客の格付を決定するものである。相対基準による評価を行う場合は、事前に各リスク評価項目の配点とウェイトについて定義する。

第6章　顧客リスク格付　113

図表6－4－3　AMLシステムにおけるリスク評価項目の判定方法のイメージ
[リスト照合による判定]

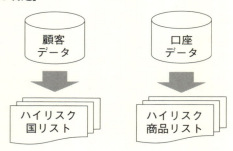

[数量比較による判定]

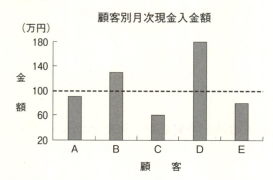

[フラグによる判定]

顧客ID	上場／非上場	上場企業フラグ
1001	上場	1
1002	上場	1
1003	非上場	0
1004	非上場	0
1005	上場	1
1006	非上場	0

(5) リスク格付区分の閾値を決定する

　相対基準によるリスク評価では、合計スコアの値に応じて最終的なリスク格付が決まる。たとえば合計スコアが80点以上であればH（ハイリスク）、50点以上であればM（ミドルリスク）、それ以外はL（ローリスク）と定義する。顧客リスク格付を分類する閾値に絶対的な基準は存在しないため、事前にシミュレーションを行い各顧客の合計スコアを試算し、合計スコアの分布状況を分析したうえでH／M／Lの適切な閾値を決定することになる。

| 参考 | **マネー・ローンダリング及びテロ資金供与対策に関するガイドライン** |

Ⅱ　リスクベース・アプローチ

Ⅱ－2　リスクの特定・評価・低減

(3)　リスクの低減

(ⅱ)　顧客管理（カスタマー・デュー・ディリジェンス：CDD）

【対応が期待される事項】

a．商品・サービス、取引形態、国・地域、顧客属性等に対する自らのマネロン・テロ資金供与リスクの評価の結果を総合し、顧客ごとに、リスクの高低を客観的に示す指標（顧客リスク格付）を導入し、これを随時見直していくこと

第6章　顧客リスク格付　115

6-5 顧客リスク格付モデルに使用する項目の選定

顧客リスク格付モデルに使用する項目はどのように決めればよいのか

　具体的に顧客リスク格付モデルをつくろうとすると、どのような項目を使うべきなのかという疑問にぶつかる。しかし、ここでも金融庁のAML/CFTガイドラインにおけるリスクベース・アプローチの定義である「金融機関等が、自らのマネロン・テロ資金供与リスクを特定・評価し、これを実効的に低減するため、当該リスクに見合った対策を講ずること」という原則を思い出していただきたい。リスクベース・アプローチが、自らがどのように考えたのかというプロセスを重視している以上、顧客リスク格付で使用する項目の選定についても、最終的に自社がなぜその項目を使用しているのか、という点について説明が求められることになる。本項では、どのように顧客リスク格付モデルに使用する項目を選定すべきなのか、アプローチと具体的な項目の例について述べる。

（1）　項目選定のアプローチ

①　当局ガイドラインやFATF勧告等に基づく項目の選定

　顧客リスク格付に使用する項目の選定にあたっては、最初のステップとして金融庁のAML/CFTガイドラインや犯罪収益移転危険度調査書（国家公安委員会）などの公開された情報に基づいて整理を始めることが有効だろう。グローバル水準を目指す観点では、改定FATF勧告など、海外の主要機関のガイドラインについても考慮することが求められる。

　ただし、金融庁のガイドラインに「包括的かつ具体的な検証に当たっては、国によるリスク評価の結果等を勘案しつつも、自らの営業地域の地理的

特性や、事業環境・経営戦略のあり方等、自らの個別具体的な特性を考慮すること」とあるように、あくまでもこれらの情報からの受け売りでリスク評価項目を採用するのではなく、自社にそのリスク要因が当てはまるのかどうかを自らが検討する必要がある。

　具体的な進め方としては、金融庁のガイドラインや犯罪収益移転危険度調査書、さらにFATF勧告の内容からリスク評価項目に該当する部分を網羅的に洗い出し、それらについて自社の置かれた状況から顧客リスク格付モデルの観点に加えるべきかどうかを検討したり、自社の顧客情報データベースにデータ項目として保持しているかどうかを整理したりすることが望ましい。

② 　自社のリスク評価結果に基づく項目の選定

　自社のリスク評価が適切に実施されていれば、すでに自社が置かれている地域の地理的な特性や、扱っている商品・サービス、取引チャネルなど固有のリスク評価項目は洗い出されているはずである。これらについて顧客リスク格付モデルの項目として採用することを検討する。

　ただし、必ずしもすべてのリスク評価の観点を顧客リスク格付モデルに反映するというわけではない。内容によっては、別のビジネス機能のなかで反映したほうがよいと判断される場合もあるだろう。たとえば、インターネット上のビジネスに軸足を置いた金融機関では、非対面取引というリスク評価項目を顧客リスク格付モデルに加えても、ほとんどの顧客が該当することになるため、マネロンリスクの判断要素として有効であるとは言いがたい。このような場合は、無理に顧客リスク格付モデルで非対面取引を扱うのではなく、取引モニタリングにおいて非対面取引に関するシナリオを定めるなど、別のアプローチを検討するのが適切な対応だろう。

(2) 　項目の例

　一般的な顧客リスク格付モデルで使用が想定される項目の例を図表6－5－1に記載する。なお、あくまでもこれらは1つの考え方を示したものにすぎず、網羅的なリスク格付モデルの項目を示したものではない。自社のリ

図表6－5－1　顧客リスク格付モデルで使用される項目の例

項　　目	グループ	個人／法人	項目の概要
PEPs	顧客属性	個人	当該顧客がPEPsに該当するかどうかを判別する。
領事館等	顧客属性	法人	当該顧客が領事館等に該当するかどうかを判別する。
法人格	顧客属性	法人	当該法人の法人格に応じたリスクを評価する（株式会社、有限会社、合同会社等）。
NPO／NGO	顧客属性	法人	当該法人がNPO／NGOに該当するかどうかを判別する。
省庁／政府系公共団体	顧客属性	法人	当該法人が省庁もしくは政府系公共団体に該当するか判別する。
上場／非上場	顧客属性	法人	当該法人が上場企業かどうかを判別する。
国外企業	顧客属性	法人	当該法人が国外に拠点をもった企業に該当するかを判別する。
業種	顧客属性	個人／法人	当該顧客の業種に応じたリスクを評価する。
資金移動業／資金決済業	顧客属性	法人	当該法人が資金移動業／資金決済業に該当するかどうかを判別する。
専門職	顧客属性	個人	当該個人が専門職（弁護士／公認会計士等）に該当するかどうかを判別する。
現金を大量に扱う業種	顧客属性	個人／法人	当該顧客が現金を大量に扱う業種（レストラン／バー等）に該当するかどうかを判別する。
ネガティブ情報	顧客属性	個人／法人	当該顧客のネガティブ情報がメディア等に存在するかどうかを判別する。
実質的支配者に関する情報	顧客属性	法人	当該法人の実質的支配者に関する情報が明瞭かどうかを判別する。
SAR先	顧客属性	個人／法人	当該顧客に疑わしい取引届出の過去実績があるかどうかを判別する。
口座開設後経過日数	顧客属性	個人／法人	当該顧客の初回口座開設後からの経過日数。
国籍／登記国	国・地域	個人／法人	当該顧客（もしくは実質的支配者）の国籍／登記国。
居住国／拠点	国・地域	個人／法人	当該顧客（もしくは実質的支配者）の居

国			住国／拠点国。
高リスク商品	商品・サービス	個人／法人	当該顧客の保有商品。
プライベートバンク	商品・サービス	個人	当該顧客がプライベートバンクを利用しているかどうかを判別する。
信託・資産管理	商品・サービス	個人／法人	当該顧客が信託・資産管理サービスを使用しているかどうかを判別する。
コルレス口座	商品・サービス	法人	当該顧客がコルレス取引用の口座を保有しているかどうかを判別する。
貿易金融	商品・サービス	法人	当該顧客が貿易金融の取引があるかどうかを判別する。
口座開設チャネル	取引形態	個人／法人	当該顧客の口座開設申込みが非対面チャネルで行われているかどうかを判別する。
対面の証券入出庫	取引形態	個人／法人	当該顧客の対面による証券持込／持出回数。
現金等価物の利用	取引形態	個人／法人	当該顧客の小切手／トラベラーズチェック等の現金代替取引回数。
ネット取引のみの利用	取引形態	個人／法人	当該顧客がネット取引のみで対面取引がなく匿名性が高い。
電子送金	取引形態	個人／法人	当該顧客の送金取引回数。

スク評価の結果、まったく別のリスク評価項目が採用されることも十分に考えられる。また、ここに示した項目が自社のリスク評価結果とそぐわない場合は、当然リスク格付モデルへの採用は避ける必要があるし、採用する場合であってもなぜそれを使用しているのか説明が求められることを認識したうえで参照していただきたい。

参考 **マネー・ローンダリング及びテロ資金供与対策に関するガイドライン**

Ⅱ　リスクベース・アプローチ

Ⅱ－2　リスクの特定・評価・低減

(1)　リスクの特定

【対応が求められる事項】

第6章　顧客リスク格付　119

① 国によるリスク評価の結果等を勘案しながら、自らが提供している商品・サービスや、取引形態、取引に係る国・地域、顧客の属性等のリスクを包括的かつ具体的に検証し、自らが直面するマネロン・テロ資金供与リスクを特定すること

② 包括的かつ具体的な検証に当たっては、国によるリスク評価の結果等を勘案しつつも、自らの営業地域の地理的特性や、事業環境・経営戦略のあり方等、自らの個別具体的な特性を考慮すること

【対応が期待される事項】

a．自らの事業環境・経営戦略等の複雑性も踏まえて、商品・サービス、取引形態、国・地域、顧客の属性等に関し、リスクの把握の鍵となる主要な指標を特定し、当該指標についての定量的な分析を行うことで、自らにとって重要なリスクの高低及びその変化を適時・適切に把握すること

6-6 ▶ 顧客リスク格付区分の定義

どのくらいの割合の顧客を
ハイリスクとして管理すべきなのか

　顧客リスク格付モデルによる格付付与の方法には、絶対基準によるものと相対基準によるものがある。絶対基準はもともとハイリスク顧客として扱うべき条件を定義したものであるから、これに該当した顧客はリスクスコアの値を考慮することなく、すべてハイリスク顧客として管理すればよいのでシンプルだ。一方、相対基準によって格付を付与する場合は少し複雑である。リスクスコアは相対的なマネロンリスクを定量化した指標であり、その値自体に絶対的な基準は存在しない。このため、最終的には自らがなんらかの基準を定めてハイリスクとして管理する顧客の割合を決定することになる。ただし、その基準は適当に決めることはできない。顧客リスク格付モデルの定義においては、すべての基準をどのように定めたのか、論理的に説明できるようにする必要がある。

　相対基準によって顧客リスク格付を付与する場合、①個別のリスク評価項目のスコアとウェイト、②各リスク評価グループのウェイト、③リスク格付区分を決定する合計スコアの閾値、をそれぞれ定義する必要がある。本章では、顧客リスク格付モデルにおいて、これらを定義するためのプロセスを示す。なお本書では、リスク評価項目ごとにスコアは0点〜100点の範囲で付与されるものとし、絶対基準に使用するリスク評価項目はスコアに反映しないものとする。

（1）　個別のリスク評価項目のスコアとウェイト

　リスク評価グループ（顧客属性、国・地域、商品・サービス、取引形態）単

第6章　顧客リスク格付　121

図表6－6－1　顧客リスク格付モデルの定義とリスクスコアの集計の流れ
　　　　　　（イメージ）

［リスクスコアの集計の流れ］

　　（1）　個別のリスク評価項目のスコアとウェイト

　　（2）　各リスク評価グループのウェイト

　　（3）　リスク格付区分を決定する合計スコアの閾値

　　　　　各リスク評価項目、各リスク評価グループは100点満点で計算される

［リスクスコアに基づく顧客リスク格付モデルのイメージ］

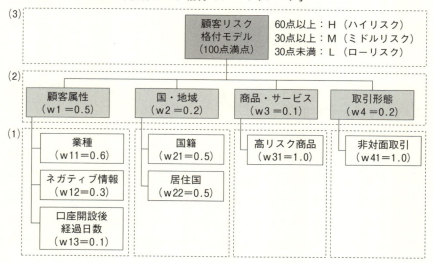

位に、各リスク評価項目のスコアとウェイトを定義する。基本的なリスクスコアの考え方として、リスト照合によって判定される項目については、リス

トに登録された個々の要素ごとにリスク度合いに応じて0点〜100点の範囲でスコアを付与する（たとえば、国リストであればA国は80点、B国は20点といった一覧表を作成する）。数量比較やフラグによって判定される項目については条件に合致した場合に100点、そうでない場合は0点といったようにリスクスコアを付与する。

　各リスク評価項目のウェイトは、その項目が所属するリスク評価グループ内で合計が1となるように設定する。その際、ウェイトの大きさは、可能な限り客観的な指標に基づいて定めることが望ましい。AMLシステムの初期導入時は、データベースに過去のデータの蓄積がないため、どの項目にも平均的なウェイトを付与するところからスタートせざるをえない、という場合もあるだろう。しかし、その場合でも数カ月AMLシステムを運用した後は、疑わしい取引の届出状況と各リスク評価項目の相関性について分析できるようになるため、有効性を検証しつつウェイトのチューニングを行うようにする。

(2)　各リスク評価グループのウェイト

　各リスク評価グループのウェイトについては、4つのリスク評価グループのウェイトの合計値が1となるように設定する。含まれるリスク評価項目の数が他のグループと比較して少ない場合は、そのグループのウェイトを0.25といった平均的な値としてしまうと、当該グループに含まれるリスク評価項目の最終的なウェイトが、他のグループに含まれるリスク評価項目に比べて過大に反映されてしまう。このため、リスク評価グループのウェイトはそのグループに含まれるリスク評価項目の数に応じた重みも考慮したうえで設定する。

(3)　リスク格付区分を決定する合計スコアの閾値

　上記の定義に基づくと、合計スコアが0点〜100点の範囲で各顧客がスコアリングされることになるが、これに適切な閾値を定めて最終的な顧客リス

第6章　顧客リスク格付　123

図表６－６－２　リスクスコアの計算例

リスク評価 グループ	リスク評価 グループの ウェイト ①	リスク評価 項目	リスク評価項 目のウェイト ②	最終的な ウェイト ③＝①×②
顧客属性	0.5	業種	0.6	0.3
		ネガティブ情報	0.3	0.15
		口座開設後 経過日数	0.1	0.05
国・地域	0.2	国籍	0.5	0.1
		居住国	0.5	0.1
商品・サービス	0.1	高リスク商品	1.0	0.1
取引形態	0.2	非対面取引	1.0	0.2

ク格付に変換する必要がある。リスクスコア自体は相対的な指標であり絶対的な基準はないため、シミュレーションによって顧客の合計スコアの分布を分析し、何パターンか試行を繰り返して格付を区分するための適切な閾値を検討する必要がある。

　自社の顧客数と年間で提出される疑わしい取引の届出数の割合を考慮すると、金融機関の顧客の大部分はマネロンリスクの低いローリスク顧客であり、ハイリスク顧客はごくわずかと考えられるだろう。ミドルリスク顧客は疑わしい取引の届出をもれなく行うためのハイリスク顧客に準ずる調査対象と考えると、リスク格付別の顧客数はH＜M＜Lの順となることが想定される。この想定に基づき、合計スコアの分布状況からいくつかの閾値の候補を定めて、その閾値周辺に分布する顧客データをサンプリングする。サンプリングされた顧客データについて、該当したリスク評価項目の内訳を確認し、当該顧客が適用されているリスク格付が適切かどうかを検証する。このシミュレーションを繰り返し実施し、適切な閾値を探索する。閾値が決まるとおのずと各リスク格付区分の顧客数も定まる。

顧客Aのリスク評価項目ごとのスコア ④	顧客Aのリスク評価グループごとのスコア ⑤=③×④の合計	顧客Aの合計スコア ⑥=⑤の合計	顧客Aのリスク格付
80	$80 \times 0.3 = 24$	$24+18+0+20=62$	H
0			
0			
100	$100 \times 0.1 + 80 \times 0.1 = 18$		
80			
0	$0 \times 0.1 = 0$		
100	$100 \times 0.2 = 20$		

図表6－6－3　顧客リスク格付閾値の考え方

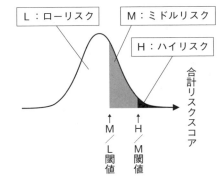

全顧客に対するスコアリングの実施

顧客リスク格付モデルのリスク評価項目に従い、全顧客に対しリスクスコアを付与する。

閾値の候補を決めてデータをサンプリング

スコアリング結果の分布を確認し、閾値の候補を定めるためのシミュレーションを数回実施し、閾値近辺の顧客データをサンプリングする。

最終的なH／M／Lの閾値を決定

サンプリングされた顧客に適用された格付とリスク評価項目の内容を検証し、最も妥当と考えられる閾値を採用する。

第6章　顧客リスク格付　125

なお、顧客リスク格付モデルは通常、個人と法人で適用されるリスク評価項目が異なるため、シミュレーションは個人・法人別に実施する。また実際には、合計リスクスコアの分布は、あまり滑らかな形状にはならず、偏りのある離散的な分布となることが多い。このため、閾値をわずかに変化させただけで、ハイリスク顧客やミドルリスク顧客の件数が大きく変わる場合があるので注意する。

6-7 顧客リスク格付の運用

どのような場面で顧客リスク格付を利用するのか

顧客リスク格付およびCDDでは、顧客ごとにH／M／Lのリスク格付を付与することが最終ゴールではない。顧客リスク格付をさまざまな場面で活用し、リスクベース・アプローチに基づくAMLプログラム全体の実効性を向上させることが真の目的である。本項では、顧客リスク格付の活用が想定される場面として、①取引モニタリングにおける利用、②EDD/Periodic Reviewにおける利用、③CRMシステムへの連携、について説明する。

(1) 取引モニタリングにおける利用

AMLシステムにおける取引モニタリングでは、疑わしい取引の候補となるアラートの調査に多くの時間を要する。すべての顧客に対して同じ条件で一様に取引を調査するのではなく、マネロンリスクが高い顧客の取引に対して優先的に調査リソースを配分することが、取引モニタリングにおける1つのリスクベース・アプローチのかたちといえるだろう。具体的には、取引モニタリングで使用するシナリオに顧客リスク格付区分の項目を追加し、ハイリスク顧客やミドルリスク顧客についてはローリスク顧客よりも取引金額や取引回数の閾値を下げて、より厳格な値でアラートが生成されるような対応を行う。

(2) EDD/Periodic Reviewにおける利用

マネロンリスクの高い顧客については、資産・収入の状況、取引目的、職業、資金源などの情報を追加で取得し、より厳格な顧客管理（EDD：En-

図表6-7-1　顧客リスク格付に応じた取引モニタリングシナリオの閾値の例

[リスク格付区分に応じた閾値の検討]

リスク格付区分	現金出金額アラート閾値
H	¥1,000,000
M	¥5,000,000
L	¥10,000,000

リスクベース・アプローチの考えに基づき、リスクの高い顧客に対しては閾値を下げて優先的にアラートがあがるようにする。

[プログラムのイメージ]

```
IF リスク格付='H' THEN DO;
  IF 現金出金額>=1,000,000 THEN;
  アラート生成;
  …
END;
ELSE IF リスク格付='M' THEN DO;
  IF 現金出金額>=5,000,000 THEN;
  アラート生成;
  …
END;
ELSE DO; /* リスク格付='L' */
  IF 現金出金額>=10,000,000 THEN;
  アラート生成;
  …
END;
…
```

hanced Due Diligence）を実施する必要がある。また、これらの情報については定期的にアップデートを行い、常に最新の情報で顧客のマネロンリスクを評価することが求められる（Periodic Review）。EDDで取得すべき情報の内容や取得方法（訪問、電話、ダイレクトメール等）、Periodic Reviewを実施すべき期日の間隔については、すべての顧客について一様とするのではなく、顧客のマネロンリスクに応じて検討することがリスクベース・アプローチの観点からは妥当と考えられる。具体的な対応としては、リスクの高い顧客ほど対面で詳細な情報を取得する必要があるだろう。また、Periodic Reviewについては、たとえばハイリスク顧客は四半期に1回、ミドルリスク顧客は半年に1回、ローリスク顧客は1年に1回というように、マネロンリスクに応じて情報の更新頻度が上がるように期日を定める。なお、顧客のリスク格付がいまよりも高いリスクの格付に変更された場合は、より早いタイミングでPeriodic Reviewが実施されるように期日も変更する必要があることから、AMLシステムでは格付の付与と同時に次回Periodic Reviewの期

日の計算を実施することが多い。

（3） CRMシステムへの連携

　顧客リスク格付は、AMLシステム内での利用にとどまらず、第1線への情報の還元としてCRMシステムに連携することで、PDCAサイクルの輪を全社的に拡大し、AMLプログラムの実効性向上に寄与することができる。具体的には、顧客番号と顧客リスク格付、該当したリスク評価要素、EDDで取得した情報などをAMLシステムからCRMシステムに連携し、画面上で営業部門が当該顧客のマネロンリスクを確認できるようにする。

参考　マネー・ローンダリング及びテロ資金供与対策に関するガイドライン

Ⅱ　リスクベース・アプローチ

Ⅱ－2　リスクの特定・評価・低減

（3）　リスクの低減

（ⅱ）　顧客管理（カスタマー・デュー・ディリジェンス：CDD）

【対応が求められる事項】

⑦　マネロン・テロ資金供与リスクが高いと判断した顧客については、以下を含むより厳格な顧客管理（EDD）を実施すること

　イ．資産・収入の状況、取引の目的、職業・地位、資金源等について、リスクに応じ追加的な情報を入手すること

　ロ．当該顧客との取引の実施等につき、上級管理職の承認を得ること

　ハ．リスクに応じて、当該顧客が行う取引に係る敷居値の厳格化等の取引モニタリングの強化や、定期的な顧客情報の調査頻度の増加等を図ること

　ニ．当該顧客と属性等が類似する他の顧客につき、リスク評価の厳格化等が必要でないか検討すること

⑧　マネロン・テロ資金供与リスクが低いと判断した顧客については、

第6章　顧客リスク格付　129

当該リスクの特性を踏まえながら、当該顧客が行う取引のモニタリングに係る敷居値を緩和するなどの簡素な顧客管理（SDD）を行うなど、円滑な取引の実行に配慮すること（中略）

⑨　後記「(v)疑わしい取引の届出」における【対応が求められる事項】のほか、以下を含む、継続的な顧客管理を実施すること

　イ．～ハ．（略）

　ニ．各顧客のリスクが高まったと想定される具体的な事象が発生した場合のほか、定期的に顧客情報の確認を実施するとともに、例えば高リスクと判断した顧客については調査頻度を高める一方、低リスクと判断した顧客については調査頻度を低くするなど、確認の頻度を顧客のリスクに応じて異にすること

　ホ．継続的な顧客管理により確認した顧客情報等を踏まえ、顧客のリスク評価を見直すこと

第 **7** 章

取引モニタリング

7-1 ▶ 取引モニタリングの概要

取引モニタリングにより何を目指すのか

(1) 取引モニタリングの目的

　第1章でも述べたように、マネー・ローンダリング等、金融機関の機能を悪用しようとする者は、真の目的をいかに隠すか腐心して金融機関と取引するのであり、正当な取引か悪用かを判別するのは容易ではない。また犯罪に係る資金源や取引目的（犯罪収益の移転か、テロ資金供与か、詐欺か、脱税か、制裁逃れか等）を見通すのは、深度のある調査や日頃のリスク分析の積み重ねが必要となる。

　悪用であれ正当な利用であれ、金融機関を利用する以上、取引の記録がシステムデータとして処理・記録される。その情報を活用・調査し、マネー・ローンダリングや金融犯罪の抑止・排除をすることが取引モニタリングの目的である。

　取引モニタリングは、多面的かつ多様な検知ロジックを用いることで、犯罪者や悪用者が隠匿しようとしている意図をあぶり出す有用なツールになる。たとえば、マネロンリスクの高い国・地域にかかわる顧客や取引が検知されれば、そのリスクは海外規制や経済制裁リスクが想定される。そこで、追加調査を行い、商流や商品、船、航路や送金相手などを確認し、制裁抵触の可能性があれば取引を謝絶する等により、制裁リスクの低減が図れるのである。

(2) 取引モニタリングの対象

"取引"の意味するところは、幅広くは"顧客行動"であり、多面的に行動の状況を把握することで、迅速で有効な検知が可能となる。

・資金移動状況（預貯金の入出金、内国為替、外国為替、両替、運用商品、不動産取引、信託取引、その他、決済機能の利用など）
・非対面取引のアクセス状況
・残高照会等の照会機能
・住所変更等の属性変更

(3) 取引モニタリングの観点

大量の取引のすべてを調査することは不可能であり、当局のガイドライン（「疑わしい取引の参考事例」等）や自社のリスク分析、顧客データに基づく異常性検知により、調査対象を抽出する（いわゆる"検知"）。取引モニタリングで検知する観点をいくつか例示する。

> ・属性との乖離（年齢・職業・業種等から一般的に類推される取引ではない）
> ・地域の乖離（居住地や勤務先・営業拠点と離れた場所での利用）
> ・申告との乖離（取引目的が生活費決済なのに多額・多数の取引等）
> ・資産背景との乖離（資産額、年収・年商等に比べて多額）
> ・過去取引との乖離（取引パターンが突然変化する場合、口座が譲渡されたか、名義人が代行している可能性がある）

検知内容により、利用者の隠匿（なりすましや第三者利用）、資金洗浄や金融犯罪（詐欺など）に利用されていないか等の仮説を立て、調査する。

単に多額取引、多数回取引だけを検知しても、通常の取引実態のあるものが排除できず、誤検知（False Positive）が多く含まれてしまう。常に検知のねらいを意識して検知基準を設定することが重要である。

第7章 取引モニタリング 133

⑷　取引モニタリングのための準備

　取引モニタリングを実施するためには、それを可能とするための仕組みやリソース等を準備する。

・顧客情報・取引情報のシステムデータ化と更新
・リスク評価（自社のリスク分析）
・検知システム導入と抽出基準策定……顧客の行動は、多くの場合単一の金融機関の情報だけではとらえきれない。また、ライフサイクルは多様であり、相続や起業などにより、取引パターンは突然変化する。それらも想定しつつ、できるだけ有効性を上げるよう不断の取組みが求められる。
・調査のための事務システムと人員体制・研修……顧客の行動傾向も犯罪手口も変化していくものである以上、判断プロセスも、固定的・定型的なものにはなりえない。調査員に十分研修を行い、ケース管理（個別検証の枠組み・承認フロー・取引店との連携・システム記録等）の仕組みを構築する。

⑸　取引モニタリングにおける調査の重要性

　取引モニタリングに必要な情報がすべてシステムデータ化されていれば、ITシステムにより妥当性のある検知が可能となるかもしれない。しかし、多くの顧客を有する金融機関の場合、すべての顧客について十分な情報が蓄積されているとは限らない。

　また、検知ロジックも完全なもの（誤検知も検知もれもないロジック）はありえない。捜査機関ではない金融機関は、その取引が犯罪だったかどうか最終的に確認する手段がないからである。

　よって、取引モニタリングの検知にとどまらず、直接顧客にヒアリングやエビデンスを求め、顧客の説明の合理性や取引実態の把握をするなどの人的な追加調査により、取引の異常度や犯罪可能性の程度を評価し、取引可否（継続可否）を判断する。「疑わしい取引の届出」は幅広に届け出る場合もあるが、安易に保守的に届け出ることは捜査機関の非効率性につながり、届出

134

実績を反映して顧客のリスク格付が必要以上に高められ推進の阻害になる可能性があるため、しっかり合理的に判断することが求められる。

下図は、情報収集のイメージを表したものである。放射線状に広がる情報網から、中心である顧客管理に向かって情報が集約されて、顧客（あるいは、隠れた利用者や実質的支配者）の真の姿をあぶり出す力になる。ITシステムの検知も活用しつつ、多面的な分析により、顧客把握を深化させ、不正取引を積極的に検知していきたい。

図表7－1－1　情報収集のイメージ

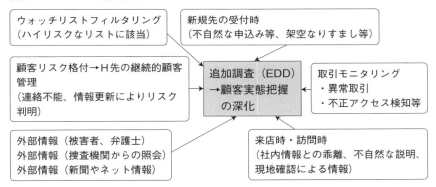

| 参考 | マネー・ローンダリング及びテロ資金供与対策に関するガイドライン |

Ⅱ　リスクベース・アプローチ

Ⅱ－2　リスクの特定・評価・低減

(3)　リスクの低減

(ⅴ)　疑わしい取引の届出

　　疑わしい取引の届出は、犯収法に定める法律上の義務であり、同法の「特定事業者」に該当する金融機関等が、同法に則って、届出等の義務を果たすことは当然である。

　　また、金融機関等にとっても、疑わしい取引の届出の状況等を他の

指標等と併せて分析すること等により、自らのマネロン・テロ資金供
与リスク管理態勢の強化に有効に活用することができる。

【対応が求められる事項】

① 顧客の属性、取引時の状況その他金融機関等の保有している具体的
　な情報を総合的に勘案した上で、疑わしい取引の該当性について適切
　な検討・判断が行われる態勢を整備し、法律に基づく義務を履行する
　ほか、届出の状況等を自らのリスク管理態勢の強化にも必要に応じ活
　用すること

② 金融機関等の業務内容に応じて、ITシステムや、マニュアル等も
　活用しながら、疑わしい顧客や取引等を的確に検知・監視・分析する
　態勢を構築すること

③ 疑わしい取引の該当性について、国によるリスク評価の結果のほ
　か、外国PEPs該当性、顧客が行っている事業等の顧客属性、取引に
　係る国・地域、顧客属性に照らした取引金額・回数等の取引態様その
　他の事情を考慮すること

④ 既存顧客との継続取引や一見取引等の取引区分に応じて、疑わしい
　取引の該当性の確認・判断を適切に行うこと

⑤ 疑わしい取引に該当すると判断した場合には、疑わしい取引の届出
　を直ちに行う態勢を構築すること

⑥ 実際に疑わしい取引の届出を行った取引についてリスク低減措置の
　実効性を検証し、必要に応じて同種の類型に適用される低減措置を見
　直すこと

⑦ 疑わしい取引の届出を複数回行うなど、疑わしい取引を契機にリス
　クが高いと判断した顧客について、当該リスクに見合った低減措置を
　適切に実施すること

7-2 ▶ 取引モニタリングの導入手順

取引モニタリングでは
何を決める必要があるのか

　取引モニタリングによる疑わしい取引の検知は、AMLシステムの最も重要な機能の1つである。わが国ではAMLシステムの導入が始まった2000年代後半から取引モニタリングの実績があり、参考となる先行事例も多数存在する。しかしながら、これらの先行事例をそのまま自社のAMLシステムに適用するだけでは、自らのマネロンリスクを適切に反映しているとはいえず、リスク評価の観点からは不適切である。他のビジネス機能と同様に、取引モニタリングには導入プロセスについて一定のフレームワークが存在する。本項では、AMLシステムにおける取引モニタリングの導入手順について概要を説明する。

(1)　自社のリスク評価書を起点とする

　取引モニタリングの対象とする商品・サービスや取引形態については、他の機能と同様にリスク評価書の内容と一致している必要がある。たとえパッケージ製品に標準で含まれているシナリオテンプレートをそのまま使用する場合でも、なぜそのシナリオを選択して使用しているのかは、リスク評価書の内容と関連づけて説明できるようにする必要がある。

(2)　モニタリングを行う取引の対象スコープを決める

　取引モニタリングは、AMLシステムにおいて最も大量かつ多様なデータを扱う機能である。このため、商品ごとにデータソースが異なる場合は、データ取得のためのETL開発に莫大な時間がかかってしまう。そのうえ、

第7章　取引モニタリング　137

商品ごとにシナリオをつくりこむ時間も考慮すると、システム導入の段階ですべての商品の取引モニタリングを実装することは現実的ではない。そこで実際には、ある程度長期的なスパンでフェーズ分けを行い、対象商品のスコープを段階的に拡張するアプローチがとられることが多い。たとえば、銀行であれば現金取引と国内／海外送金、証券会社であれば現金取引と証券取引、クレジットカード会社であればカード支払とキャッシングといったように、主要な取引を初期フェーズにおける取引モニタリングの対象とし、後続のフェーズで段階的に他の商品の取引へと対象を拡張する。

(3)　シナリオの概要を決める

取引モニタリングで使用される検知ロジックはシナリオと呼ばれる。モニタリングの対象スコープを決定したら、システムに実装可能な形式でシナリオを定義することになる。取引モニタリングのシナリオには、主に金額・回数等のパラメータを組み合わせた条件式で表されるルールベースのシナリオと、過去の取引状況からの乖離や同じような特徴をもつ他の顧客の取引状況からの乖離を統計的に表したプロファイルベースのシナリオの2種類が存在する。一般的にはこれらのシナリオはテンプレートとしてパッケージ製品に標準で付いており、これらをベースに自社リスクを反映してシナリオの概要を定義する。また、実際に疑わしい取引の届出を行う際には、所管行政庁が示す「疑わしい取引の参考事例」のどれに該当したのかを記載する必要があるため、シナリオ定義の段階で「疑わしい取引の参考事例」との対応についても検討することが多い。

(4)　シナリオのデータ項目のマッピングを行う

シナリオの概要を定義した際に必要とされた各種のパラメータが、自社の取引データにおけるどの項目と対応しているか整理し、シナリオの実装が実現可能であることを確認する。特に取引の種別に関する項目については、データガバナンスの観点からマッピング表を作成して精緻に確認することが

図表７－２－１　取引の種類に関する項目と自社の取引データとのマッピング
（イメージ）

取引モニタリングの観点				自社の取引データとの マッピング
商品・ サービス	取引種別	チャネル	入金／出金	
…	…	…	…	…
ATM現金入金	現金	ATM	入金	取引区分＝１かつ取引チャネルコード＝08
ATM現金出金	現金	ATM	出金	取引区分＝２かつ取引チャネルコード＝08
…	…	…	…	…
振込入金 （国内）	振込	－	入金	取引区分＝８
対面振込出金 （国内）	振込	対面	出金	取引区分＝９かつ科目コード＝（"0002"もしくは"0003"）
ATM振込出金 （国内）	振込	ATM	出金	取引区分＝９かつ取引チャネルコード＝08
…	…	…	…	…

望ましい。

(5)　シナリオパラメータの閾値の設定

　最後に、シナリオに含まれるパラメータの閾値を決定する。閾値の決定に際しては、単に生成されるアラート数だけを考慮するのではなく、マネロンリスクと関連づけて、なぜその閾値が妥当なのかを説明できるようにする必要がある。具体的には、過去に疑わしい取引の届出を行った顧客の取引に基づいて閾値を決める方法や、一定のシミュレーションを実施して適切な閾値を決める方法などがある。

第７章　取引モニタリング　139

参考	マネー・ローンダリング及びテロ資金供与対策に関する ガイドライン

Ⅱ　リスクベース・アプローチ

Ⅱ－2　リスクの特定・評価・低減

⑶　リスクの低減

⒤⒤⒤　取引モニタリング・フィルタリング

【対応が求められる事項】

①　取引類型に係る自らのリスク評価も踏まえながら、個々の取引につ
　いて、異常取引や制裁対象取引を検知するために適切な取引モニタリ
　ング・フィルタリングを実施すること

7-3 シナリオの種類と作成手順

取引モニタリングのシナリオはどのように作成すればよいのか

「疑わしい取引」を検知するための取引モニタリングのシナリオの種類は、主にルールベースのシナリオと、プロファイルベースのシナリオの2つに大別される。それぞれに異なる長所と短所があるため、どちらを使用して検知を行うのか検討する必要がある。

図表7-3-1 ルールベースのシナリオとプロファイルベースのシナリオのイメージ

[ルールベースのシナリオ]

シナリオ例
IF月次現金出金額＞2,000,000円；
Thenアラート発生；

マネー・ローンダリングの手口にみられる取引パターンを「IF（条件式）THEN（アラート発生）」のようにルール化し、条件に合致する取引を検知する。

[プロファイルベースのシナリオ]

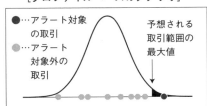

●…アラート対象の取引
●…アラート対象外の取引
予想される取引範囲の最大値

取引金額や回数について、取引履歴や似た属性をもつ顧客の取引状況を統計的に分析し、予想される取引範囲から大きく乖離した異常性の高い取引を検知する。

(1) ルールベースのシナリオ

① ルールベースのシナリオの特徴

ルールベースのシナリオは、マネー・ローンダリングの手口としてみるべき取引パターンを条件式の形式で表したものである。たとえば、「今月の現

図表７－３－２ 「疑わしい取引の参考事例（預金取扱い金融機関）」のルールベー

カテゴリ	参考事例	検知対象
現金の使用形態に着目した事例	(1) 多額の現金（外貨を含む。以下同じ）または小切手により、入出金（有価証券の売買、送金および両替を含む。以下同じ）を行う取引。特に、顧客の収入、資産等に見合わない高額な取引、送金や自己宛小切手によるのが相当と認められる場合にもかかわらずあえて現金による入出金を行う取引。	口座 顧客
	(2) 短期間のうちに頻繁に行われる取引で、現金または小切手による入出金の総額が多額である場合。敷居値を若干下回る取引が認められる場合も同様とする。	口座 口座
	・・・	…

疑わしい取引の参考事例

金入金額が2,000,000円を超過したらアラートを生成する」といった類いのシナリオがこれに該当する。ルールベースのシナリオは、なぜその取引がアラートとして抽出されるに至ったかが明確であり、アラートを調査する際、担当者が調査すべきポイントをイメージしやすい。AMLシステムに実装する際も、「IF（条件式）THEN（アラート発生）」という比較的簡単なコンピュータプログラムの構文で表現することができるため、大部分の取引モニタリングで用いられている検知手法といえるだろう。

② ルールベースのシナリオの課題

ただし、ルールベースのシナリオには、各パラメータに適切な値を設定することがむずかしいという課題がある。通常AMLシステムで使用されるルールベースのシナリオには、顧客属性や対象商品、取引金額、取引回数、取引時間帯などの複数のパラメータが含まれている。これらのパラメータの値を同時に調整し、最も適切なパラメータ値の組合せを導き出すのは直感的な作業だけでは困難である。運用開始前によくシミュレーションを行い、生成されるアラートが適切かどうかを確認し、パラメータをチューニングする

スのシナリオへの変換例

取引種別	入出金	期間	閾値の種類	その他	シナリオ例
現金小切手	入金出金	当日	金額	－	当日の現金・小切手の入出金総額がX円以上発生した口座
現金	入金出金	当日	金額	収入／資産	当日の現金の入出金総額が、年収のP％を超えた顧客
現金小切手	入金出金	数日間	金額	－	D日間の現金・小切手の入出金総額がY円以上発生した口座
現金小切手	入金出金	数日間	金額	閾値ぎりぎり	D日間のうち、現金・小切手の入出金総額が（X×0.95）円以上発生した日が2日以上ある口座
…	…	…	…	…	…

パラメータレベルに分解された項目　　　　パラメータ項目から導出されるシナリオ

試行錯誤のための時間が必要となる。

③　ルールベースのシナリオの作成手順

　ルールベースのシナリオ作成は、自社のリスク評価結果や当局による「疑わしい取引の参考事例」に記載された内容をもとに作成される。これらの文書には、各種取引におけるマネロンリスクの観点が記載されている。これを、システムが解釈可能な形式にまで変換する必要がある。具体的には、リスクの観点を「検知対象」（顧客、口座、外部顧客などモニタリングの対象）、「取引種別」（現金、振込、海外送金などの取引の種類）、「入出金」（入金、出金、入出金両方の区別）、「期間」（モニタリング期間が当日のみか、もしくは一定期間か）、「閾値の種類」（金額、回数などのアラートをあげる基準）、「その他」（上記以外で考慮すべき観点）といったようにパラメータレベルに分解し、整理した結果をシナリオとして定義する。パッケージ製品を導入する場合は、パッケージに標準で付いているシナリオテンプレートのなかから注目しているマネロンリスクの観点に最も近いシナリオを選択してマッピングする。

第7章　取引モニタリング　143

(2) プロファイルベースのシナリオ

① プロファイルベースのシナリオの特徴

　プロファイルベースのシナリオは、ルールベースのように事前にパラメータを固定せず、その顧客の過去の取引や、その顧客と特徴が似ているピアグループ（企業規模や業種、年齢などに応じてセグメンテーションした顧客集団）の取引と比較して、統計的に異常と判断される取引を検知するものである。まず顧客の過去の取引履歴を集計したヒストリカルプロファイル情報や、その顧客が属するピアグループの取引状況を集計したピアグループプロファイル情報を作成し、その顧客が実施してもおかしくない取引範囲の予測値を計算する。次に、顧客の実際の取引をモニタリングして、予測された取引範囲から大きく乖離した取引が発生した場合のアラートを生成する。

　プロファイルベースのシナリオは、虚偽の申告によって開設された口座の早期発見や、違法な口座売買によって口座所有者の性質が一変したタイミングなど、ルールベースのシナリオでは検知が困難な、閾値に依存しない取引の異常性を検知するために使用される。ルールベースによるシナリオを補完する役割として、プロファイルベースのシナリオを併用しているケースも多い。

② プロファイルベースのシナリオの課題

　プロファイルベースのシナリオにも、ルールベースのシナリオと同様に誤アラートが発生しやすいという弱点がある。通常の顧客であっても、過去の取引と比較して特徴が大きく異なる取引が突然発生することはありうる。たとえば、一般的な会社員であっても、語学学校への入学費用のために多額の現金出金や振込を行う場合があるだろう。多数の顧客が存在する金融機関であれば、過去数年間ではみられなかった取引を行う通常の顧客がいることは決して珍しい話ではない。プロファイルベースのシナリオがターゲットとしているのは、あくまでも希少性や異常性の高い取引であり、これに該当したからといって、すべての取引を一概に「疑わしい取引」ということはできな

い。

③ プロファイルベースのシナリオの作成手順

プロファイルベースのシナリオ作成には、ヒストリカルプロファイル情報の作成とピアグループプロファイル情報の作成の2段階がある。ここでは例として、月次の現金入金回数のデータを使ってプロファイルベースのシナリオを作成する手順について説明する。

まず、過去の取引データから顧客単位に毎月の現金入金回数を集計し、ヒストリカルプロファイル情報を作成する。集計期間を1年とすると、12カ月分の月次現金入金回数のデータが作成される。次に、これら12カ月分のデータに関する平均値と標準偏差の値を計算する。通常、このように顧客の取引についてデータを確認すると、大部分が低頻度、少額の取引で占められていることが多く、一般的な正規分布とは異なり左右の形状が非対称ないびつな分布となる。このため、平均や標準偏差の計算の際には、もともとの値を対数に変換して分布の形状を整えることも多い。

次に、あらかじめ定めたピアグループの定義に従って顧客を分類し、ピアグループ単位で当月の現金入金回数の平均と標準偏差を計算する。ピアグループに含まれる顧客が多数存在すれば、ピアグループプロファイル情報の作成は当月の取引データのみで十分であり、過去の取引データを使用する必

図表7－3－3　ヒストリカルプロファイルとピアグループプロファイルのイメージ

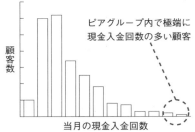

図表７－３－４　Ｚスコアの計算方法と計算例

［Ｚスコアの計算式］

$$z = \frac{x - \mu}{\sigma}$$

x：当月の値、　μ：過去Ｎカ月の平均値、　σ：過去Ｎカ月の標準偏差

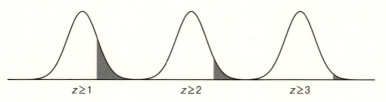

［Ｚスコアの計算例］

年月	現金入金回数
2017年 5 月	10
2017年 6 月	12
2017年 7 月	8
2017年 8 月	13
2017年 9 月	5
2017年10月	20
2017年11月	12
2017年12月	22
2018年 1 月	8
2018年 2 月	17
2018年 3 月	10
2018年 4 月	14

2018／5（当月）の現金出金回数とｚスコア
①30回のとき⇒z＝3.46
②15回のとき⇒z＝0.48
③ 1 回のとき⇒z＝－2.30

平均：12.58
標準偏差：5.04

要はないだろう。また、ヒストリカルプロファイル情報の場合と同様に、ピアグループプロファイル情報のデータを確認して現金入金回数の分布がいびつな形状であれば、そのままの値を使用するのではなく対数変換した値を使用する。

　プロファイルベースのシナリオには金額や回数などの閾値は存在しないが、モニタリング対象の取引が、ヒストリカルプロファイルの分布（もしくはピアグループプロファイルの分布）からどの程度乖離した場合にアラートを生成するかは事前に定義する必要がある。乖離度合いを数値的に表す指標としてはＺスコアが多く用いられており、プロファイルベースのシナリオにはＺスコアの閾値を定義することになる。具体的には、「ヒストリカルプロファイルに基づく月次現金入金回数Ｚスコア＞３かつピアグループプロファイルに基づく月次現金入金回数Ｚスコア＞３」といった形式となる。

7-4 ▶ シナリオの閾値設定

アラートは何件くらい発生させるのがよいのか

(1) 閾値設定のむずかしさ

　取引モニタリングにおけるアラート発生数に目安となるものは存在しない。アラート数はシナリオの閾値によって増減するが、その閾値の調整は、単純なようにみえて最もむずかしい作業である。マネー・ローンダリングを防止するために、シナリオに含まれる各パラメータの値をいったいいくらに設定すればよいのか、その真の答えは誰にもわからない。規制対応という側面からは、取引モニタリングの目的は疑わしい取引の届出を適切に実施することである。届出を行う金融機関は、検知した取引が疑わしいと判断した理由を示せば十分であり、その取引が100%マネー・ローンダリングに該当することを証明する必要はないし、届け出た取引が適切であったかどうかの正解は、ほとんどの場合得られない。その一方で、AMLシステムにおけるさまざまな決め事には、常に何が根拠であるかが問われ、取引モニタリングで使用するシナリオの閾値についても妥当性が求められる。取引モニタリングの目的である疑わしい取引の届出に対して明確な正解がわからないなかで、なんらかの具体的な根拠に基づいて説得力のある閾値を定めなければならない。

(2) 不適切な閾値の決め方

　適切な閾値がわからないからといって、疑わしい取引の取りこぼしをおそれ、むやみに閾値を下げて大量の誤アラートが生成される状況は適切とはい

えない。たとえ誤アラートであったとしても1件1件についてしっかり調査
し、検討内容に関して証跡を残したり、届出要否判断について第三者のレ
ビューを受けたりする必要がある。さらに、調査したアラートが届出すべき
と判断されれば、届出レポートの作成と作成したレポートのレビューを行う
必要がある。仮に1人の調査員が1日で調査できるアラートの数を20件程度
(そのうち届出レポートの作成が必要なものは5件)とすると、この処理能力を
超えるアラートが生成されると調査が滞ってしまう。だからといって、意図
的にアラート数を減らすことを目的として閾値を変更することは、リスク
ベース・アプローチではなくリソースやコストを優先した考え方であり、こ
れも不適切な行為とみなされる。

(3) 適切な閾値の決め方

　閾値の調整は、あくまでもマネロンリスクを追求した観点から実施するこ
とが求められる。最もマネロンリスクと関連深いと考えられる閾値の調整方
法は、実際に疑わしい取引の届出に至った取引の金額や回数などの実績デー
タに基づき閾値を決定する方法だろう。しかしながら、AMLシステムを初
めて導入する場合は過去のデータの蓄積がないことが多く、疑わしい取引の
届出と関連して閾値の妥当性を示すことはむずかしいことが多い。

　これにかわる次善の策は、システム導入の最終段階でシミュレーション期
間を設ける方法である。シミュレーションでは、まず各シナリオの仮の閾値
(想定よりも少し低めの値とする)をいったん定めたうえでアラートを生成す
る。次に、閾値周辺で生成されたアラートを中心に、一部のアラートをサン
プリングして実際に内容を検証し、届出要否の判定をする。そして、届出す
べきと判断されたアラートの取引金額や取引回数の下限値をもとに最終的な
閾値を設定する。たとえば、「月次現金入金額>1,000,000円」というシナリ
オの閾値について妥当性を検証する場合(図表7-4-1)、想定の閾値より
も低めの800,000円を閾値とした場合のアラートを生成する。次に、生成さ
れたアラートの一部をサンプリングし、内容について届出要否を判定する。

図表7－4－1　アラート生成のシミュレーションとサンプリング調査による閾値の決定方法の例

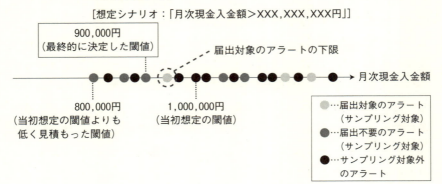

サンプリングしたアラートを検証した結果、届出すべきと判断されたアラートの月次現金入金額の下限が950,000円だったとき、多少バッファを考慮した閾値として900,000円という値を採用すると、最終的なシナリオは「月次現金入金額＞900,000円」となる。仮に当初の閾値よりも低めの部分（この例の場合、800,000円近辺）で届出対象のアラートが多数発生している場合は、閾値をより下げるか、シナリオに別の観点を加えることを検討する。逆にもともと想定していた閾値（この例の場合、1,000,000円）を大きく超えても届出対象のアラートが存在しない場合は、閾値を上げることを検討する。

> **参考　マネー・ローンダリング及びテロ資金供与対策に関するガイドライン**
>
> Ⅱ　リスクベース・アプローチ
> Ⅱ－2　リスクの特定・評価・低減
> (3)　リスクの低減
> (vi)　ITシステムの活用
> 【対応が求められる事項】
> ②　自らのリスク評価を反映したシナリオ・敷居値等の抽出基準を設定

するなど、自らのITシステムを取引モニタリング等のマネロン・テロ資金供与対策の有効な実施に積極的に活用すること

7-5 アラート処理（調査、判断、対応）

取引モニタリングシステムで
アラートが検出されたらどうするのか

図表7-5-1 アラート処理のプロセス（イメージ）

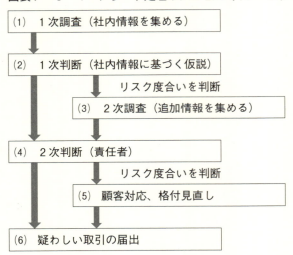

　アラート処理に入る前に、業務フローの各プロセスについて、手続や担当者を明確にしておくことが大切である。なぜなら、大量のアラート処理に追われる状態になった場合、アラート処理を終了することが目的化してしまい、深度ある調査や顧客対応が先送りになることで、本来の目的である"リスク低減"にはほど遠い状態に陥る実務上のリスクがあるからである。
　また、「検知後、すみやかな届出」が要請されているが、「届出」すればよいのではなく、捜査に資する内容の届出がなされなければ、金融機関、捜査機関、双方にとって非効率業務にしかならない。質の高い意味のある届出の

ためには、しっかり調査・判断することが基本である。

　プロセスと担い手等は、一般的には以下のように整理できる。

	プロセス	対応概要	規定化の例	担い手
(1)	1次調査（社内情報を集める）	顧客情報や取引情報に係る社内記録（システムデータや文書）を確認する。	業務マニュアル	担当者
(2)	1次判断（社内情報に基づく仮説）	属性（含む顧客申告）や過去取引、同種の顧客の傾向との乖離を検証し、個別取引の異常性・違法性、隠匿の意図を判断する。同時に、2次調査の必要性を判断する。	ポリシー業務マニュアル	担当者〜役職者
(3)	2次調査（追加情報を集める）	顧客リスク格付も勘案したうえで、悪用顕在化時のリスクの高いものを中心に、追加情報取得を行う（顧客への通知発送、ヒアリング、エビデンス依頼、現地調査、他の金融機関への照会など）。	（1次判断の裏付け調査であり、個別対応）	役職者〜責任者
(4)	2次判断	(1)から(3)をふまえて、「疑わしい取引の届出」要否とその理由を最終判断する。		責任者
(5)	顧客対応、格付見直し	取引方針の決定、顧客対応や取引見直しを行う。また、顧客リスク格付を見直す。	ポリシーリスク格付基準	責任者
(6)	疑わしい取引の届出	上記の調査、判断、対応状況等について記載し、該当取引やエビデンスを添付して、当局システムへ入力、電子申請を行う。	業務マニュアル	担当者〜役職者

(1)　1次調査（社内情報を集める）

　1次調査では、次のプロセスである1次判断の基準を理解し、判断に必要な情報を集める。情報の集め方は、支援システムの導入有無によって、人的対応か自動化されているかの違いがあるが、情報が分散して保存されている場合が多く、「社内情報を集める」ことが1つのプロセスとなる。定型作業

については、RPAの活用も検討したい。

確認すべき情報	人的対応	システム機能の例
顧客情報（CI、CDD記録の参照）	取引時確認の記録を取り寄せる（PDFや個別システムの記録等）。	システムによりアラートに記録を紐づけて取り込み表示する。調査者は、内容を調査画面で確認する。
顧客情報（顧客リスク情報）	フィルタリング結果、定性情報に係るリスク評価、過去の届出情報等を個別に確認する。	顧客リスク格付システムを導入している場合は、情報が一元化される。調査者は、調査画面で、格付（HML）やスコア明細（リスクの内容）を確認する。
関係者情報（取引担当者、役員、実質的支配者、送金元・送金先）	関係口座や関係者、関連会社を取引明細等から洗い出す。関係先各々についてのフィルタリング結果や届出情報等を確認する。	ネットワーク分析システムを導入している場合は、関係者の洗い出しが自動化され、情報が一元化されている。調査者は、調査画面で顧客の関連ネットワークとそのリスクを確認する。
取引情報（当該顧客の取引、関係先の動き）	還元資料等を検索し、関係者に関連取引があれば、あわせて確認する。	システムがデータをアラート先に紐づけ、調査者は調査画面で確認する。
応対や交渉の記録多面取引状況等	CRM等を参照する。	システムがデータをアラート先に紐づけ、調査者は調査画面で確認する。

(2)　1次判断（社内情報に基づく仮説）

① (1)の社内情報をふまえて、異常性があるか、悪用リスクがあるか、判断する

判断すべき事項	人的対応	支援システムを導入している場合
情報を整理し、情報の確度とリスク度合いの軽重を判断	チェックリスト等を活用し、個別に判断する。	調査内容をシステム処理し、疑わしい度合いをスコア化、あるいは、リスク内容をパターン化して表示する。
リスク（犯罪タイプ）に係る仮説	個別に判断。	シナリオやスコアごとの仮説の表示。

154

② **判断基準の詳細（後述の事例参照）**

　勘に頼っている限り、誤っていても気づかない。社員の多様化により、背景やスキルはさまざまであり、一定の基準を明示することが必要である。(1)の社内情報取得と、(2)の１次判断スキルを、可変的にかつ自動化することができれば、大幅な業務効率の改善が図れるプロセスでもある。

　ただし、交渉履歴などテキスト情報や画像（PDF）も含めた、金融機関の多様な顧客情報を生かしきる仕組みは、テキスト分析や画像認識、OCR等の新技術を使う必要もあり、別の意味で難易度が高いだろう。

③ **「顕在化時のリスク」の度合いを判断する**（「(3)　２次調査」が必要かどうか）

　「顕在化時のリスク」とは、

・被害者が多数になる可能性がある

・経済制裁等の制度上リスクの高い取引である

・多額であり大型のマネロン事案となる可能性がある

などであり、レピュテーショナルリスクや制度観点でのリスク度合い等により判断する。

［例］

検証すべきケース	悪用顕在化時のリスク度合いの考え方
顧客リスク格付がハイリスクである。	ハイリスクなウォッチリストに該当していれば、取引を続けるリスクが高い。 疑わしい取引の届出が続いていれば、悪用が拡大しているリスクが高い。
きわめて多額である、被害が疑われる多数の振込入金があり、実態不明である。	重大なマネロン事案、もしくは組織的な詐欺が発生しているリスクがある。
外為においてリスクの高い国や商品、あるいは、非常に多額であるなど。	海外規制や経済制裁に抵触しているリスクがある。

第７章　取引モニタリング　155

(3)　2次調査（追加情報を集める）

　顧客リスク格付も勘案したうえで、悪用顕在化時のリスクの高いものを中心に、追加の情報を取得する。2次調査の方法は、「(2)　1次判断」の裏付け調査であり、個別対応となる。2次調査の結果は、「(5)　顧客対応」における対応方針決定の前提情報となる。

確認すべき情報	人的対応	対外折衝
ネット情報、商用DB	顧客、関係者について、ネットや商用DBで調査する。	無
取引店等による調査	現地調査	無
顧客への調査	顧客への通知発送、来店依頼等ヒアリング（取引内容・商流、資金源）、エビデンス提供依頼	有
送金元、送金先の金融機関へ照会（KYCC：Know Your Customer's Customer）	つど対応	有

(4)　2次判断（責任者）

　(1)～(3)をふまえて、「疑わしい取引の届出」要否と、その理由を最終判断する。

(5)　顧客対応、格付見直し

　(4)の判断をふまえて、
・取引方針の見直し、顧客対応を行う。
・顧客リスク格付は、格付基準にのっとり、再実施（格付の変更）を行う。
　顧客対応については、属人性の排除、合理的な評価、リスク評価書との整合性の確認のため、統制ポリシーを明確化しておく。これは、顧客受入方針の一部となる。

［例］

リスク度合いの判断	顧客対応、取引方針見直し	リスク格付見直し
大（悪用の可能性が高い）	・取引解消（縮小）を視野に交渉。	Hに変更
中（実態が把握しきれていないが、違法性もうかがえない）	・引き続き注視、預金・外為含め、取引拡大はしない。 ・強化された取引モニタリング。 ・取引のつどEDDを実施。	Mに変更
小（調査の結果問題なしと判明）	・通常先として対応。	Lに変更

(6) 疑わしい取引の届出

(1)～(5)の結果をふまえて、上記の調査や判断の内容（必要に応じて対応内容も含む）について記載し、該当取引やエビデンスを添付して、当局システムへ入力、電子申請を行う。

事例

■「取引モニタリング」調査・判断プロセスの整備状況の確認（例）

プロセス	実施事項	チェック
全体	システムでの検知範囲の限界について、整理され、担当者レベルで認識されているか。	□対応ずみ
全体	調査・判断の業務フローと担当者が、責任者によって明確化（明文化）されているか。	□明確である
(1)、(3)	シナリオや検知区分等をふまえた十分な調査範囲か。	□十分であると確認
(2)、(4)	判断プロセス、判断基準は明確か。	□明確である
(5)	「疑わしい取引の届出」で終わっていないか、対応方針は明確か。	□明確である

［調査・判定の例］

　プロセス理解のための例示であり、実際の対応や評価項目について、かなり省略して記載している。またリスク格付の評価項目や取引モニタリングの検知シナリオ等は、イメージを伝えるための架空のものである。

　以下、本項の(1)、(2)、(6)について、チェックシート例と、補足説明を示す。((3)、(4)、(5)については、本文を参照されたい)

■(1)　1次調査

判定に必要な情報を収集する。

［情報収集のチェックシート（例）］

	有 無	
顧客情報（CI、CDD記録の参照）	☑☐	口座開設時、もしくは更新された取引時確認情報（本人確認資料、職業・業種、実質的支配者、取引目的など）
顧客情報（顧客リスク情報）	☑☐	顧客リスク格付の情報（リスク評価項目）を確認
関係者情報	☐☑	大口の送金や、特定先との資金の流れがあれば、その送金元もしくは送金先
取引情報	☑☐	口座取引、外為取引等（口座開設以降、もしくは過去3年間程度）
応対や交渉の記録	☑☐	CRM等で確認
多面取引状況	☐☑	CRM等で確認

■(2)　1次判断

① 　顧客リスク格付の情報を確認する。

			ケースA	ケースB	ケースC	ケースD	
顧客リスク格付情報	[定性面、取引状況による評価]						相対基準 一部絶対基準
	属性	形態 職業・業種	1　個人 1　会社員	1　個人 2　個人事業主	1　法人 1　小売業	1　法人 3　貿易業	
		取引目的の申告	1　生活口座	1　生活口座	2　事業性決済	2　事業性決済	
	国・地域	国籍・拠点 送金・商流	1　該当なし 1　該当なし	1　該当なし 1　該当なし	1　該当なし 1　該当なし	1　該当なし 2　該当（仕入先）	
	過去の取引状況	多面取引 ハイリスクなサービスチャネル等取引歴	2　普通預金のみ 1　利用なし 2　非対面取引中心 3　取引歴半年	1　口座振替あり 1　利用なし 1　店頭取引あり 1　取引歴10年	2　普通預金のみ 2　該当（大口現金） 1　店頭取引あり 3　取引歴半年	1　与信先 3　該当（外為） 1　店頭取引あり 1　取引歴10年	
	コンタクト状況		2　コンタクトなし	1　来店あり	1　来店あり	1　訪問先	
	[既検知・調査の結果]						絶対基準
	フィルタリング結果		L　該当なし	L　該当なし	L　該当なし	L　該当なし	
	疑わしい取引届出		L　該当なし	L　該当なし	L　該当なし	L　該当なし	
	[総合格付]		M	L	M	H	

② 　取引モニタリングで検知されたシナリオの観点を中心に、実際の取引明細を確認する。

検知シナリオのタイプ	不特定多数から振込 ATMで即日出金	多額の振込入金あり 全額を第三者に送金	不特定多数から振込 仮想通貨業者に送金	過去平均を超えた多額の海外送金

③ 収集された情報を多面的に検証し、不自然でないか判断する。

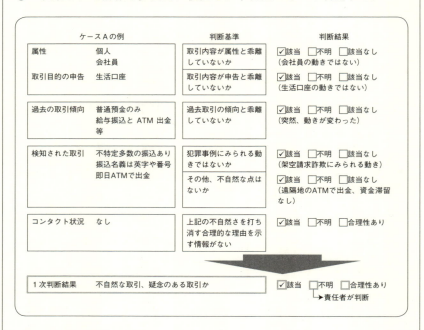

④ 2次調査の要否を判断する。

要注意国等の場合、国・地域ごとに、海外規制や経済制裁の抵触リスクについて2次調査の要否を判断する。海外規制や経済制裁に抵触するリスクのある取引は、③の不自然かどうかの判断にかかわらず、追加調査を行う必要があることに留意。

| 2次調査の要否　追加調査が必要か | ☑要　□不明　□不要 |

➡責任者が判断

(3)〜(5)の事例は省略

■(6)　疑わしい取引の届出

(1)〜(5)をふまえて、届出を行う。

［届出理由の入力例］
・名義人は会社員であり、取引内容が属性と乖離している。
・口座開設時の取引目的は生活口座であり、取引内容が申告と乖離している。 ⎱ 1次判断の内容を記載
・過去取引は給与振込だったが、多数振込に変化している。
・遠隔地ATMで出金しており、別人が出金している可能性あり。
・振込人へのヒアリングでは、投資との説明。 ⎱ 2次調査の内容を記載
・送金先の法人名義口座は、ネット情報ではICOセミナーを主催。
・名義人に通知を発送するも、宛先不明で返戻され、強制解約予定。 ⎱ 顧客対応の内容を記載
・以上より、第三者利用、かつ仮想通貨詐欺の可能性があり、届け出るもの。 ⎱ 2次判断の内容、仮説を記載

第7章　取引モニタリング　161

ある金融機関での担当者同士の会話

　Aさん：事務システム企画の担当者
　Bさん：長年の疑わしい取引の届出担当者

Aさん：「疑わしい取引の届出」を行うための新しいシステムを導入します。
Bさん：いまのやり方で、何が足りないのですか。いまでも、ちゃんとアラートを処理していますよ。これまでの事例もふまえて、1つずつ、必要な調査もしています。
Aさん：そのとおりですね。顧客の属性や動きは1つとして同じものはありませんし、何が疑わしいかは高い意識をもってみないと発見できませんが、しっかり対応していただいています。……ただ、アラートがあがっていないものまでは、調査されていないですよね。
Bさん：そんなことはありません。反社会的勢力との関連懸念先や、警察や被害者からの通報は、つど調査しています。
Aさん：そうですね。それらの情報があれば調査していますが、名義貸しならフィルタリングでは検知できませんし、外部通報を待っていたら未然防止ができないかもしれません。そこで、有効性の検証として、リスク評価書をふまえて、全顧客情報と過去3年間の全取引明細と「疑わしい取引の届出」事例のデータを分析しました。その分析結果に基づき、全顧客のリスク評価と、そのリスク評価や属性情報を組み込んだ取引モニタリングシステムを導入し、ハイリスク領域について、より細やかにモニタリングができるようになりました。
　新しい対象先も多数抽出されていますので、十分調査していただき、新しい犯罪手口が隠されていないか注意して検証をお願いします。
Bさん：なるほど、これまでみていなかった先があがってくるのですね。
Aさん：はい。新しいシステムでは、お客さまの過去の取引傾向をデータ化し、傾向からはずれた取引を検知するシナリオも取り入れています。
Bさん：そうであれば、たとえば、お取引が始まってしばらくは給与振込や公共料金の引落しにご利用いただいていたのに、口座を譲渡されて、ある日突然、多額の送金が行われれば気づきますね。
Aさん：はい。金額だけの閾値では、資産家のお客さまが運用している場合もありますから。本来のお客さまの姿を知っていくことが大事ですね。

第 8 章

ケース管理・
レポーティング

8-1 ケース管理の概要

ケース管理とは何か

　ケースとは、調査の単位を表す概念である。主に取引モニタリングでアラート調査を行う際には、アラートの調査に付随して、調査状況に関するメモの記載や、各種ドキュメントのファイル添付、届出レポートの作成、レビュープロセスのステータス管理などを実施する必要がある。ケース管理とは、AMLシステムでこれらの複合的な要素をケースという単位に束ねて管理するためのビジネス機能である。

　ほとんどのパッケージ製品では、ケース管理機能は標準で提供されているが、日常のオペレーションと密接に関連する機能ということもあり、AMLシステム導入の際に調査員のユーザーからカスタマイズのリクエストがあが

図表8-1-1　AMLシステムにおけるアラートとケースの概念

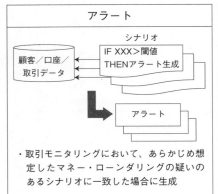
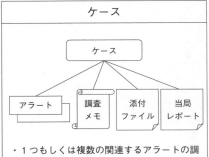

ることが多い。しかし、パッケージ製品のカスタマイズは、導入プロジェクトの際にトラブルの原因になることもあるので注意を必要とする。ケース管理機能は通常WEBアプリケーションの形式で提供されており、カスタマイズのためにはソフトウェアの深い部分にまで手を入れなければならないことが多い。標準機能からの過度な改修は、パッケージ製品が想定していなかった不具合を引き起こしたり、パッケージ提供元から保守のサポートが受けられなくなったりするリスクがある。よって、パッケージ製品導入時は、パッケージが想定するコンフィグレーション（パッケージが標準で変更可能としている部分）の範囲までを変更可能とし、それ以外は基本的に業務運用をパッケージ製品の動きにあわせる必要がある。ケース管理機能をパッケージ製品の導入により実現する場合のプロセスは以下のようになる。

（1） パッケージ標準のケース管理機能を理解する

まず、パッケージ製品が標準で提供しているケース管理機能を確認する。そのうえで、パッケージ製品がコンフィグレーション可能としている範囲について、ユーザー要件を整理する。疑わしい取引の届出や顧客リスク評価（顧客リスク格付＋CDD/EDD）など、AMLシステムにおける主要業務に関する基本的なプロセスはパッケージ標準機能とギャップが生じないようにし、導入プロジェクトにおいてカスタマイズ開発が極力発生しないようにする。

（2） パッケージ製品の想定に応じた組織体制を構築する

次に、ケース管理機能で想定されている組織体制を構築する。通常、パッケージ製品では、疑わしい取引の届出や顧客リスク格付の1次評価を実施する調査担当者や、調査担当者が実施した作業のレビューや調査の進捗管理を行う責任者などの役割があらかじめ定義されている（図表8－1－2）。基本的にはパッケージが標準で想定しているこれらのユーザーの役割と整合性のとれた組織体制を構築する。

第8章　ケース管理・レポーティング　165

図表8−1−2　パッケージに基づく組織体制のイメージ

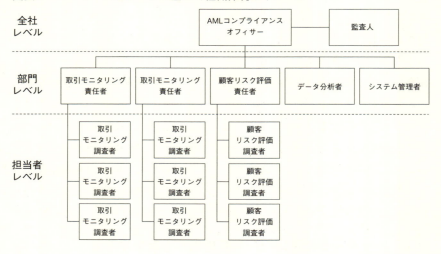

(3) ワークフローの定義

　主に疑わしい取引の届出におけるアラートのケース管理や、顧客リスク評価に関するケース管理など、主要業務における業務フローを整理する。通常、業務フローの各プロセスは、AMLパッケージではケース管理機能のワークフローで定義される。ワークフローの修正は、パッケージが標準で想定しているコンフィグレーションとして実施できる範囲に収まるように検討する。

　実現しようとする業務フローの内容をすべてパッケージのケース管理機能で実装しようとすると、カスタマイズのための開発が大規模になってしまうことがある。よって業務フローについては、あらかじめパッケージ機能とのFit & Gapを分析し、パッケージ製品の範疇で実現する部分と、AMLシステム外の運用で実現しても問題ない部分を整理する。

図表8－1－3　取引モニタリングのアラート調査に関するワークフローのイメージ

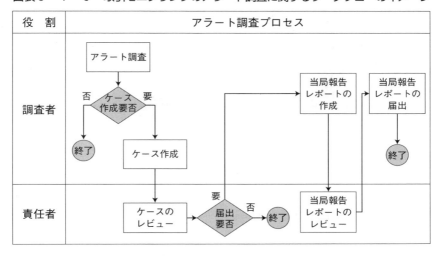

図表8－1－4　顧客リスク評価（顧客リスク格付＋CDD/EDD）に関するワークフローのイメージ

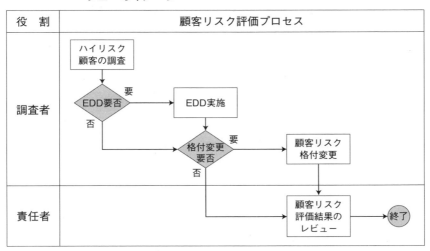

第8章　ケース管理・レポーティング　167

8-2 ▶ 管理レポートの作成

AMLシステムの有効性を
どのように確認すればよいのか

　AMLシステムを運用するうえでは、定例業務として管理レポートを作成し、その内容についての確認をルーティンワークとすることが重要である。AMLシステムにおける管理レポートは、各種ビジネス機能の有効性を検証するための指標が記載されたものであり、自社のAMLプログラムの実効性を担保する証跡として非常に重要な役割がある。

　また、2018年3月より、取引実態およびマネロン・テロ資金供与対策の実施状況等に係る定量・定性情報についての報告（取引等実態報告）が当局より求められるようになり、金融機関が自社のAMLプログラムの有効性について、具体的な数字を正確に把握しているかが問われるようになった。

　本項では、AMLシステムの各種ビジネス機能に関する管理レポート作成のプロセスに焦点を当てて説明する。当然だが、管理レポートは帳票の作成自体が目的ではない。よって、作成されたレポートが放置され、誰の目にも触れないようでは意味がない。また、レポートに含まれる各種指標が正確なデータに基づいて計算されていないようでは、誤った判断につながるリスクもある。このため、管理レポート作成の前段の作業としてデータ整備が必要であり、後段の作業として有効性検証を実施する必要がある。これらの内容については別途、次章のAMLシステムの有効性検証の章で説明するのであわせて参照していただきたい。

　管理レポート作成のためのプロセスには、①把握すべき指標の整理、②指標を計算するためのデータと集計方法の整理、③管理レポートの実装、の3段階が存在する。

(1) 把握すべき指標の整理

　AMLシステムで把握すべき指標には、顧客数や口座数、取引件数などの基礎的指標と、取引モニタリングで生成されたアラート数や、リスク格付別顧客数などのリスク指標の2種類が存在する。指標の洗い出しは、取引等実態報告で求められている項目や、AML/CFTガイドラインの記載内容をベースに行う。図表8－2－1、8－2－2に把握すべき指標として想定される

図表8－2－1　基礎的指標の例

対　象	カテゴリ	指　標	指標の内容
顧　客	全　体	顧客数	顧客の総数
		口座数	口座の総数
	拠点別	拠点別顧客数	拠点別の顧客数
		拠点別口座数	拠点別の口座数
	非居住者	非居住者顧客数	非居住者顧客の総数
		非居住者顧客残高	非居住者顧客の残高
	外国PEPs	外国PEPs顧客数	外国PEPs顧客の総数
		外国PEPs残高	外国PEPs顧客の残高
取引状況	現　金	現金入金数	現金取引の入金数
		現金入金額	現金取引の入金額
		現金出金数	現金取引の出金数
		現金出金額	現金取引の出金額
		現金入金数（200万以上）	200万円以上の現金取引の入金数
		現金入金額（200万以上）	200万円以上の現金取引の入金額
		現金出金数（200万以上）	200万円以上の現金取引の出金数
		現金出金額（200万以上）	200万円以上の現金取引の出金額
	振　込	（上記と同様）	（上記と同様）
	外　為	（上記と同様）	（上記と同様）
	インターネットバンキング	（上記と同様）	（上記と同様）
	……	……	……

第8章　ケース管理・レポーティング　169

図表 8 － 2 － 2　リスク指標の例

対　　象	カテゴリ	指　　標	指標の内容
顧客リスク格付	顧客リスク格付分布	格付別顧客数	H／M／Lのリスク格付別の顧客数
		リスク評価項目別顧客数	個々のリスク評価項目の区分別の顧客数
	拠点別ハイリスクCIF分布状況	拠点別ハイリスク顧客数	各拠点ごとのリスク格付Hの顧客数
		拠点別ハイリスク顧客率	拠点別ハイリスク顧客数／拠点別顧客数
	疑わしい取引届出との相関	格付別アラート件数	顧客リスク格付別のアラート件数
		格付別アラート発生率	格付別アラート件数／格付別顧客数
		格付別届出件数	顧客リスク格付別の疑わしい取引届出件数
		格付別届出率	格付別届出件数／格付別顧客数
取引モニタリング	全体アラート発生状況	アラート件数	アラートの総数
		アラート発生率	アラート件数／顧客数
		届出件数	疑わしい取引届出の総数
		届出率	届出件数／アラート件数
	拠点別アラート発生状況	拠点別アラート件数	拠点別のアラート件数
		拠点別アラート発生率	拠点別アラート件数／拠点別顧客数
		拠点別届出件数	拠点別疑わしい取引届出件数
		拠点別届出率	拠点別届出件数／拠点別アラート件数
	シナリオ別アラート発生状況	シナリオ別アラート件数	シナリオ別のアラート件数
		シナリオ別アラート発生率	シナリオ別アラート件数／アラート件数
		シナリオ別届出件数	シナリオ別疑わしい取引届出件数
		シナリオ別届出率	シナリオ別届出件数／シナリオ別アラート件数
	アラート調査状況	平均アラート処理日数	アラート生成から調査終了までの平均日数
		最大アラート処理日数	調査が終了したアラートのうち最も長い調査日数の値
ウォッチリストフィルタリング	全体アラート発生状況	アラート件数	アラートの総数
		アラート発生率	アラート件数／顧客数
		ヒット件数	リスト一致が認められた総数
		ヒット率	ヒット件数／アラート件数
	リスト別アラート発生状況	リスト別アラート件数	リスト別のアラート件数
		リスト別アラート発生率	リスト別アラート件数／アラート件数
		リスト別ヒット件数	リスト別のリスト一致が認められた件数
		リスト別ヒット率	リスト別届出件数／リスト別アラート件数

例を示す。なお、これは一部の例を示しただけで、把握すべき指標を網羅的に示したものではない。あくまでも必要な指標を考えるうえでの参考例としていただき、最終的な指標の整理は自社のリスク評価をふまえて実施していただきたい。

(2) 指標を計算するためのデータと集計方法の整理

各指標を計算するために必要なデータ項目と集計方法を整理する。管理レポートはAMLシステムの有効性検証に使用するため、すべての指標はAMLシステムのデータベースから取得するようにする。たとえば、顧客数や口座数のデータを他のシステムやホームページ等の公開情報から取得してしまうと、上流システムからAMLシステムに正しく顧客や口座のデータが連携されずに異常が発生していたとしても、管理レポートから異常を認めることができなくなってしまう。

図表8−2−3　取引モニタリングにおけるアラート数／届出数／届出率の管理レポートのイメージ

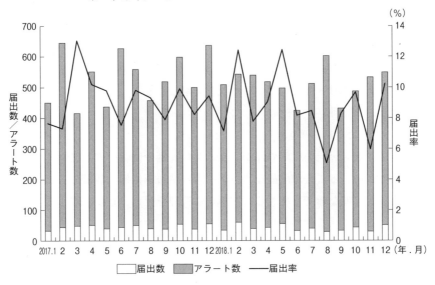

第8章　ケース管理・レポーティング　171

(3) 管理レポートの実装

　各指標に使用されるデータ項目と集計方法を整理した結果に従って、AMLシステムで実際にこれらの指標が取得できるように実装する。管理レポートの内容は継続的に充実化が図られることが求められるし、規制の変化などの外部要因に対しても即座に対応する必要がある。このため、管理レポートの実装には、ユーザー側でBI（Business Intelligence）ツールを活用して作成するといった、柔軟性の高い方法が選択される場合が多い。

参考　**マネー・ローンダリング及びテロ資金供与対策に関するガイドライン**

Ⅱ　リスクベース・アプローチ

Ⅱ－2　リスクの特定・評価・低減

(3)　リスクの低減

(vi)　ITシステムの活用

【対応が求められる事項】

③　自らが導入しているマネロン・テロ資金供与対策に係るITシステムの設計・運用等が、自らが行うリスクの評価に見合ったものとなっているか定期的に検証し、検証結果を踏まえて必要に応じITシステムやその設計・運用等について改善を図ること

(vii)　データ管理（データ・ガバナンス）

【対応が求められる事項】

③　確認記録・取引記録のほか、リスクの評価や低減措置の実効性の検証等に用いることが可能な、以下を含む情報を把握・蓄積し、これらを分析可能な形で整理するなど適切な管理を行い、必要に応じて当局等に提出できる態勢としておくこと

　イ．疑わしい取引の届出件数（国・地域別、顧客属性別等の内訳）

　ロ．内部監査や研修等（関係する資格の取得状況を含む。）の実施状況

ハ．マネロン・テロ資金供与リスク管理についての経営陣への報告や、必要に応じた経営陣の議論の状況

第 **9** 章

AMLシステムの
有効性検証

9–1 ▶ AMLシステムの有効性検証の概要

AMLシステムの有効性検証は
どのように行えばよいのか

　AMLシステムの導入は終着点ではない。リスク評価書を定期的に見直す必要があるのと同じように、AMLシステムの運用開始後は、各ビジネス機能が有効に機能しているのか定期的に検証を行う必要がある。有効性検証はAMLプログラムにおけるPDCAサイクルの要であり、前向きに取り組むことで自社の金融犯罪対策のレベルを次の高みへと導くことができる。

　有効性検証は、具体的な基準や手順が示されているわけではない。逆説的ではあるが、行うべきことが何であるかを考えること自体が、自らを取り巻くマネロンリスクを考慮した有効性検証の最初のステップともいえる。しかし、有効性検証の対象は広範であり、これからAMLへの対応を本格化しようとする金融機関にとって、ゼロから検証内容を検討する負担は大きい。また有効性検証が過度に自己流に偏った方法で実施され、客観性を欠く内容となってしまうことも避けるべきである。そこで本章では、各社が自らの状況に見合った有効性検証のベストプラクティスを追求するうえで、一定の道標となるであろう基本的な有効性検証のフレームワークについて概要を説明する。

　有効性検証を進めるにあたっては、評価基準を定めて対応方針を検討する計画フェーズと、定めた対応方針に従って具体的な施策を実施する実行フェーズの2段階が存在し、それぞれのフェーズごとにプロジェクトを立てて作業が進められることが多い。

176

(1) 計画フェーズ

計画フェーズでは、何を基準に有効性検証を実施するのかを検討する。さまざまな観点に基づき対応方針を整理することになるが、基本的には当局ガイドラインによる基準と、自社のリスク評価に基づく基準から総合的に検討を行う。具体的な対応方針を整理するためのアプローチについて、以下に例を示す。

① 当局ガイドラインに基づく対応方針の整理

金融庁のAML/CFTガイドラインには、「対応が求められる事項」「対応が期待される事項」「先進的な取組み事例」が記載されている。これらに従って自社の対応状況を網羅的に確認し、自社のAMLプログラムやAMLシステムの現在の水準（As-Is）と、目指すべき水準（To-Be）とのGap分析を行い対応方針を整理する。整理のステップとして、まずミニマムスタンダードである当局ガイドラインに立脚することによって、不適切な自己流の手法に陥るリスクを減らすことができる。必要に応じて、財務省による「外国為替検査ガイドライン」や、国家公安委員会による「犯罪収益移転危険度調査書」、FATF勧告などのガイドライン等も追加で利用しながら、対応方針の整理を行う。

図表９－１－１　AML/CFTガイドラインで求められるシステム対応の水準（To-Be）と現行AMLシステムの状況（As-Is）を整理したGap分析の例

To-Be：AML/CFTガイドラインのシステム対応に関する事項				As-Is：現行AMLシステムの状況	Gap：課題と対応方針	
観点	対応内容の詳細	参照頁	対象機能	対応状況	課題	対応方針
Ⅱ リスクベース・アプローチ						
Ⅱ－２ リスクの特定・評価・低減						
（1） リスクの特定						
対応が求められる事項	① 国によるリスク評価の結果等を勘案しながら、自らが提供している商品・サービスや、取引形態、取引に係る国・地域、顧客の属性等のリスクを包括的かつ具体的に検証し、自らが直面するマネロン・テロ資金供与リスクを特定すること	P.8	顧客リスク格付	顧客属性、国・地域、商品・サービス、取引形態の観点から顧客のリスク評価を行うことで、マネロン・テロ資金供与リスクの特定を行っている。	（特になし）	（特になし）
	② 包括的かつ具体的な検証に当たっては、国によるリスク評価の結果等を勘案しつつも、自らの営業地域の地理的特性や、事業環境・経営戦略のあり方等、自らの個別具体的な特性を考慮すること	P.8	顧客リスク格付 取引モニタリング	年１回、犯罪収益移転危険度調査書を反映したリスク評価の実施と、疑わしい取引届出実績を分析したうえで、顧客リスク格付と取引モニタリングのシナリオをチューニングしている。	地域性を考慮したリスク評価要素の要否を検討したことがない。	自らの地域性を考慮したリスク評価要素の洗い出しを行い、顧客リスク格付や取引モニタリングシナリオの追加の要否を検討する。
	③ 取引に係る国・地域について検証を行うに当たっては、FATF や内外の当局等から指摘を受けている国・地域も含め、包括的に、直接・間接の取引可能性を検証し、リスクを把握すること	P.8-9	顧客リスク格付 取引モニタリング	ハイリスク国への送金顧客の格付をハイリスクとしている。また、ハイリスク国への送金有無に関する取引モニタリングのシナリオを運用している。	（特になし）	（特になし）
	④ 新たな商品・サービスを取り扱う場合や、新たな技術を活用して行う取引その他の新たな態様による取引を行う場合には、当該商品・サービス等の提供前に分析を行い、マネロン・テロ資金供与リスクを検証すること	P.9	顧客リスク格付 取引モニタリング	年1回、その年に提供を開始したサービスを考慮した取引モニタリングシナリオを追加して運用している。	新商品・サービスについて、顧客リスク格付モデルへの反映要否に関する分析が行われていない。	2018年に追加された商品・サービスについて、リスク格付モデルの観点として追加が必要か要否を検討する。
対応が期待される事項	a. 自らの事業環境・経営戦略等の複雑性も踏まえて、商品・サービス、取引形態、国・地域、顧客の属性等に関し、リスクの把握の鍵となる主要な指標を特定し、当該指標についての定量的な分析を行うことで、自らにとって重要なリスクの高低及びその変化を適時・適切に把握すること	P.9	顧客リスク格付	データ分析に基づき、顧客属性、国・地域、商品・サービス、取引形態の観点からリスク評価要素の特定を行い、リスクをスコアとして定量化した顧客リスク格付モデルを運用している。	（特になし）	（特になし）
	b. 一定量の疑わしい取引の届出がある場合に、単に届出等を行うことに留まらず、届出件数及び金額等の比較可能な定量情報を分析し、部門・拠点間等の比較等を行って、自らのリスクの検証の実効性を向上させること	P.9	取引モニタリング	疑わしい取引届出に関する情報をデータベースに保存したうえで、各種指標を管理レポートとして整理し、AMLシステムの有効性を検証している。	拠点間の比較分析は実施していない。	管理レポートに拠点間の比較分析に関する指標を追加する。

② **現状の業務課題に基づく対応方針の整理**

　日常の業務担当者の目線から得られた情報を集約し、AMLに関する業務運用のなかで認識された課題を洗い出すことで、自社を取り巻く新たなマネロンリスクの発見や、現状利用しているAMLシステムの要改善点を認識することができる。具体的には、AML業務担当者に対するヒアリング等を通じ、課題と対応方針について整理を行う。AML業務担当者には継続的に有効性検証のプロセスへの参画を促し、AML業務における有効性検証の重要性について理解を深めてもらうようにする。

③ **商品・サービスの変更に基づく対応方針の整理**

　商品・サービスは日々変化する。ATMの設置場所や提携金融機関などの取引チャネルが拡大すれば、それらの変更が適切にAMLシステムに反映されているかを確認する必要がある。特に近年は新たな決済サービスが目まぐるしく拡大しており、新たなマネロンリスクに対してどのようにシステム対応をするのか検討する必要がある。

　このように、AMLシステムの有効性を維持するために、定期的にAMLに関する業務とシステムを取り巻く環境の変化を点検し、対応方針を検討する。具体的には、新規商品・サービスに関する変更点を網羅的に整理し、それらが既存AMLシステムに及ぼす影響の有無の確認と対応方針を検討する。また、サービスの拡大によって新たなシステムが追加された場合は、既存AMLシステムとの関連性について、特にデータ授受の視点で影響の有無を確認し、必要に応じて対応方針を検討する。

④ **データガバナンスに基づく対応方針の整理**

　AMLシステムの有効性を担保するためには、そこで使用されるデータが正確である必要がある。AMLシステムは、データが正しくシステムのインターフェースに設定されることを前提にできており、そもそも投入されたデータの内容が正しいかどうかを検証することは想定していない。この場合、一見正しいアラート生成や顧客リスク格付ができているようにみえても、実は人が気づくことができない検知もれが発生している、といった問題

が起きてしまうことがある。このため、データの正確性を維持することは、AMLシステムの有効性を担保するうえできわめて重要である。具体的には、有効性検証のタイミングでAMLシステムに連携されるデータの内容や、ETLプログラムに関する再確認を行う（詳細は9－2項参照）。

⑤　**検知精度に基づく対応方針の整理**

　AMLシステムで使用されている顧客リスク格付モデルや取引モニタリングシナリオ、フィルタリングロジックについては、管理レポート（8－2項参照）を確認することによって、導入当初の検知精度が維持されているかどうか検証を行う必要がある。実際に精度が落ちている機能については、精度を改善するために再度データ分析を行うなどの必要な対応方針を検討する。また、定期的にこれらの機能の検知精度を向上させる余地はないかを検討し、必要に応じてモデルやシナリオ、ロジックのチューニングを実施する。

(2)　実行フェーズ

　実行フェーズでは、検討フェーズで洗い出した対応方針をタスク化して実行する。これらの対応方針には、AML施策のカバレッジを広げて有効性を向上させることを目的としたものと、これまで実施してきたAML施策の精度を改善して有効性を向上させることを目的としたものの2種類が存在する。それぞれの対応方針がどちらに該当するのかを考慮しつつ、個々のタスクについて目的と作業内容を明確にし、作業ボリュームの見積りと優先順位について検討を行う。直近の有効性検証プロジェクトの実施対象となったタスクについては対応完了期日の設定と進捗管理を行う。一方で、中長期的な対応が迫られるタスクについては、別途課題管理と対応時期の検討を行ったうえで、直近の有効性検証プロジェクトの作業スコープからは除外する。

　なお、有効性検証は、単純に作業を実施すればよいというわけではなく、一連のプロセスが正しく行われたことをドキュメント化し、必要に応じて目的や実施内容を説明できるようにすることが求められる。これらのドキュメントが存在しない場合、実施内容にかかわらず適切に有効性検証は行われな

第9章　AMLシステムの有効性検証　179

かったものとみなされるため、注意が必要である。有効性検証にはAML業務に関する知識はもちろん、ITスキルや統計スキルなども求められるため、自社のリソースだけでは対応しきれない場合もあるだろう。仮に有効性検証を外部のコンサルティング会社等に委託する場合も、一連の実施内容についてドキュメント作成が必須となる。そのうえで、最終的には提供されたドキュメントをもとに実施内容について自社が理解し、説明可能な状態となるようにすることが重要である。

参考 **マネー・ローンダリング及びテロ資金供与対策に関するガイドライン**

Ⅱ　リスクベース・アプローチ

Ⅱ－2　リスクの特定・評価・低減

⑶　リスクの低減

⑹　ITシステムの活用

【対応が求められる事項】

③　自らが導入しているマネロン・テロ資金供与対策に係るITシステムの設計・運用等が、自らが行うリスクの評価に見合ったものとなっているか定期的に検証し、検証結果を踏まえて必要に応じITシステムやその設計・運用等について改善を図ること

9-2 ▶ データガバナンス

データが正しいことを
どのように証明すればよいのか

　データが正確であるということは、AMLシステムの有効性を担保するう
えで最も重要な前提条件である。逆にいえば、使用しているデータが不正確
であれば、取引モニタリングや顧客リスク格付などのビジネス機能に関する
有効性検証をいくら実施しても意味のないものとなってしまう。これは、素
晴らしい調理器具（ITシステム）をそろえても、食材（データ）が腐ってい
てはよい料理をつくることができないのと同じである。ITシステムは入力
されたデータを一定の処理に従って出力するだけであり、入力されたデータ
の値が正しいかどうかなどの意味を解釈することはできない。よって、もし
入力データになんらかの不備があったとしても、出力された値が表面上は正
しいデータを使用して処理されたようにみえてしまうことがある。われわれ
は、このような不正確なデータに基づく結果を信用してしまい、重大な見落
としや誤った施策につながるシステムリスクを認識する必要がある。

　このようなシステムリスクを低減するような、データの品質を向上させる
取組みや仕組みを総称してデータガバナンスと呼ぶ。データガバナンスは、
主に海外金融機関におけるリスク管理業務において発展してきた概念だが、
わが国のAML/CFTガイドラインにおいても取り上げられるようになるな
ど、いまやAML業務における必須の取組みとなりつつある。データガバナ
ンスは、別の言い方をすればデータの正確性を常に疑い、検証を続ける不断
のプロセスである。具体的な取組みとしては、いままで取得していたデータ
が本当に正しいものであったのか、各種コード値に新たな種類が追加されて
いないか、といったことの検証があげられる。以下、詳細について具体例を

第9章　AMLシステムの有効性検証　181

示しながら説明する。

(1) データ取得方法の再検証

まず、AMLシステムに取り込んでいる既存データの取得方法が正確といえるのかを検証する。たとえば、データ取得元のデータベースに存在している「取引情報」というデータをAMLシステムに取得しているETLプログラムが存在するとしよう。ETLプログラム中に、現金取引は「取引情報」の「商品タイプ」というデータ項目が1000、1001のコード値の場合である、というロジックが記載されているとする。このとき、有効性検証で実施するタスクとしては、「取引情報」のデータを一定期間分抽出し、「商品タイプ」に依然として1000、1001のコード値が現金取引の意味として使用されていることを確認することが考えられる。一見当たり前のようにみえる確認だが、他システムの変更によってそれまで使用されていたコード値が変わったのに、AMLシステムではそれに気がつかないまま、何事もなかったかのように処理が進んでしまうということは発生する場合がある。このとき、もしどちらか（もしくは両方）のコード値が存在しないといった変化が確認された場合は、データ取得元のシステムの仕様の変更によって、AMLシステムで正しくデータが集計できなくなったことを疑わなければならない。特に主要な取引種別や顧客属性に関するコード値については、取引モニタリングや顧客リスク格付の精度に大きな影響を与えるため、ETLプログラムが想定している値が継続して使用されているか、定期的に検証する必要がある。

(2) 未知のデータへの対応の検討

自社のサービス拡充によって、新たな商品や取引チャネルが増えた場合は、それに伴って新たなコード値がデータ取得元のシステムで追加される場合がある。データ取得元のシステムを管理する部門とコード値の追加に関する情報連携が正しく行われていない場合、この新たなコード値はAMLシステムに反映されていない可能性がある。このように、AMLシステムが認識

図表9－2－1　取引データの検証例

① データ取得方法の再検証

AMLシステムの 取引区分 コード値	取引 内容	自社データ 取得元の商品 タイプコード値	取得元に おける コード値有無
CASH	現金	1000、1001	あり
CHECK	小切手	8090	あり
WIRE	送金	4000、4001、4002	あり
……	……	……	……

} AMLシステムのデータ取得元に定義と同じコード値が存在するか検証

② 未知のデータへの対応の検討

自社データ 取得元の商品 タイプコード値	取引 内容	AMLシステムの 取引区分 コード値	AMLシステム への マッピング
1000	現金	CASH	あり
1001	現金	CASH	あり
2000	現金	CASH	なし（AMLシステムにコード追加が必要）
……	……	……	……

} 自社データのコード値のなかにAMLシステムにマッピングされていないコード値が発生していないか検証

していない未知のデータが上流システムに存在しないか、定期的に調査する必要がある。パッケージ製品を使用している場合、システム導入時に行った、AMLパッケージの取引種別に対する自社の取引種別マッピングとは逆に、自社の取引種別に対してAMLパッケージの取引種別がどのようにマッピングできるかを調査する。たとえば、自社の「取引情報」のデータを取得元のシステムから一定期間分抽出して、そこに含まれる「商品タイプ」の値をすべて調査した結果、現在のETLプログラムでは認識されていない2000というコード値が存在することを確認したとしよう。この場合、まずこのコード値が示す取引内容について調査し、AMLシステムのどの取引種別に対して新たにマッピングすべきか（もしくはマッピングが不要か）を検討する必要がある。

第9章　AMLシステムの有効性検証　183

参考	マネー・ローンダリング及びテロ資金供与対策に関する ガイドライン

Ⅱ　リスクベース・アプローチ

Ⅱ－2　リスクの特定・評価・低減

⑶　リスクの低減

(vii)　データ管理（データ・ガバナンス）

【対応が求められる事項】

①　確認記録・取引記録等について正確に記録するほか、ITシステムを有効に活用する前提として、データを正確に把握・蓄積し、分析可能な形で整理するなど、データの適切な管理を行うこと

②　ITシステムに用いられる顧客情報、確認記録・取引記録等のデータについては、網羅性・正確性の観点で適切なデータが活用されているかを定期的に検証すること

9-3 分析環境とデータの準備

有効性検証を行うためには
どのような準備が必要か

AMLシステムの有効性検証を実施するためには、分析作業を行うための場所（システム）と、分析可能な状態で蓄積されたデータの両方が必要である。本項ではこれらを準備するために必要な作業について概要を説明する。

(1) 分析環境の準備

有効性検証を行う場合は、取引モニタリングや顧客リスク格付などのAMLシステムの基本的な機能だけではなく、統計的な観点からデータを分析する機能が必要となる。データ分析には負荷のかかる処理も存在するため、他のAMLのビジネス機能にパフォーマンス上の影響が及ばないよう、有効性検証の作業に特化した分析環境（サーバー）を別途設置することが多い。分析環境では、データ探索や集計が容易に実施できるBI（Business Intelligence）ツールや、必要に応じて決定木分析や回帰分析などが実施できるデータマイニングツールが利用される。

(2) 分析基礎データの準備

分析環境を準備したら、今度は分析の材料となるデータを準備する。有効性検証に際しては、データの正確性を担保するだけでなく、蓄積されたさまざまなデータを分析可能な状態に加工したデータ（分析基礎データ）を準備する必要がある。データの準備作業は一見地味ではあるが、この作業にどれだけ注力したかによって、後で充実した有効性検証が実施できるかどうかが決まる。

第9章 AMLシステムの有効性検証　185

準備すべきデータの対象期間に明確な基準が存在するわけではないが、有効性検証には通常、1年程度のデータの蓄積が求められる。システムの運用開始から間もない時期に有効性検証を実施することも無意味ではないが、ある程度の長期間のデータを分析対象とすることで、サンプル数が増えて分析結果も安定するし、季節性の違いによる取引の変化の影響も受けづらくなる。

分析に必要な計数データをすぐに出せるように、普段から必要なデータを準備しておくこともデータガバナンスのひとつの要素である。よって分析基礎データには、顧客属性に関する項目のほか、当局より求められる「取引等実態報告」の項目、管理レポートに出力している項目、日次や月次で取引データをさまざまな切り口で集計した項目などを準備する。さらに、日次や月次でアラート検知の対象になった顧客や、疑わしい取引の届出対象になった顧客など、実績に関するデータ項目についても準備し、取引モニタリングや顧客リスク格付の分析が実施できるようにする。

参考 マネー・ローンダリング及びテロ資金供与対策に関するガイドライン

Ⅱ　リスクベース・アプローチ

Ⅱ－2　リスクの特定・評価・低減

⑶　リスクの低減

⑦　データ管理（データ・ガバナンス）

【対応が求められる事項】

③　確認記録・取引記録のほか、リスクの評価や低減措置の実効性の検証等に用いることが可能な、以下を含む情報を把握・蓄積し、これらを分析可能な形で整理するなど適切な管理を行い、必要に応じて当局等に提出できる態勢としておくこと

　イ．疑わしい取引の届出件数（国・地域別、顧客属性別等の内訳）

　ロ．内部監査や研修等（関係する資格の取得状況を含む。）の実施状況

ハ．マネロン・テロ資金供与リスク管理についての経営陣への報告や、必要に応じた経営陣の議論の状況

9-4 ▶ 顧客リスク格付の有効性検証

顧客リスク格付モデルは
どのように見直せばよいのか

　顧客リスク格付については、現状で運用している顧客リスク格付モデルの性能が、自社のリスク評価を適切に反映したものとなっているか定期的に検証し、必要に応じて調整を加える。有効性検証の観点には、業務的な視点からマネロンリスクを再考した結果に基づく観点と、統計的に過去のデータから検証した結果に基づく観点の2つがある。

　また顧客リスク格付には、先に述べたとおり絶対基準と相対基準が存在するが、これらはともに定期的な見直しが求められる。本項では、顧客リスク格付モデルの有効性検証に際して実施すべき作業の概要を説明する。

（1）　絶対基準の有効性検証のポイント

　絶対基準で使用されるリスク評価項目は、他の条件にかかわらずそれに該当した顧客に対してハイリスクの格付を付与するものである。AML/CFTの観点は時代とともに変化し、「ハイリスク」という言葉が意味する水準も変化している。特にここ数年で、わが国においてもマネロンリスクの厳格化が進み、ハイリスクとして管理すべき対象も変化している。よって、絶対基準といえども、その基準が適切に直近のマネロンリスクを反映しているかどうかは検証が必要である。

　具体的には、絶対基準で使用されているリスク評価項目が適切かどうかを再検証する。必要に応じて新たなマネロンリスクを反映したリスク評価項目を絶対基準に追加したり、逆に不要となったリスク評価項目を削除したりする対応を行う。

| 事例 | 絶対基準のリスク評価項目定義の見直し |

　金融機関Aでは、これまでリスク格付の絶対基準として、疑わしい取引の届出に関するリスク評価項目を運用してきたが、それは過去の疑わしい取引の届出回数に応じてハイリスク、ミドルリスクの格付を付与するものであった。今回、有効性検証の実施に際して再度リスク評価を行った結果、届出回数が少ない場合でも直近届出実績がある顧客についてはハイリスクとして管理すべきとの結論に至り、顧客リスク格付モデルの絶対基準についても届出日からの期間を考慮した定義に変更した。

(2)　相対基準の有効性検証のポイント

　リスクスコアに基づき格付が決まる相対基準について有効性検証を実施する場合は、既存のリスク評価項目のウェイトのみでなく、顧客リスク格付モデルで使用するリスク評価項目自体の変更や、リスク格付のH／M／Lの区分を決定する合計スコアの閾値についても見直しを行う。顧客リスク格付モデルの運用実績が一定期間あれば、各顧客のリスク格付結果と疑わしい取引の届出実績のデータがAMLシステムに蓄積している。これらのデータを取得し、疑わしい取引の届出と各リスク評価項目との関係性などについて分析することで、自社を取り巻くマネロンリスクの実態に応じたリスク格付モデルへと修正を行うことができる。

　データを使用して、統計的に相対基準の顧客リスク格付モデルの有効性を評価する際は、モデルの安定性と正確性の両面から検証を行う。具体的に確認すべきポイントの例をあげると以下のようになる。これらの確認ポイントについては、あらかじめ管理レポートに月次で時系列のグラフを記載するなどし、可能な限り担当者が簡単にチェックできるようにしておくことが望ましい。

○リスク格付モデルの安定性の観点

リスク格付別の件数の割合が安定していること

・ハイリスク顧客、ミドルリスク顧客、ローリスク顧客の割合がモデル運用開始時と比較して大きく変わっていないかを確認する。たとえば、1年前の運用開始時のそれぞれの割合が5％、10％、85％であったとして、現時点においてもその割合が保たれていれば、リスク格付モデルは当初想定したとおりの性能を発揮していると考えることができる。反対に、割合が変化した場合はその理由について考察し、現在使用しているモデルを使用し続けてよいか検討する必要がある。

ある時期に特定の格付の件数が突出するなどの不自然さがないこと

・ある月だけハイリスク顧客の割合が急激に上昇（もしくは下降）し、翌月また元の割合に戻ったなど、不自然な件数の変動がないかを確認する。ある月に件数の不自然なピークがみられる場合、その原因について確認し、当該月のリスク格付が顧客に適切に付与されていたのか確認する必要がある。

各リスク評価項目に該当した件数の割合が安定していること

・各リスク評価項目の単位で、顧客数の割合がモデル運用開始時と比較して大きく変わっていないかを確認する。たとえば、「実質的支配者に関する情報」というリスク評価項目をリスク格付モデルに採用していると仮定する。項目の内訳を「情報なし」「情報あり（調査済）」「情報あり（未調査）」と3区分定義し、運用開始当初の件数は「情報なし」＞「情報あり（未調査）」＞「情報あり（調査済）」の順であり、この前提を考慮したリスクスコアやウェイトの値を定義したとする。時を経て情報収集が進むと、「情報なし」と「情報あり（未調査）」の顧客数は減少し、各区分の件数の割合は変化することになる。当初リスクスコアやウェイトの値を定義した時とは前提が変わってしまっているため、再度これらの値が適切かどうかを検討する必要がある。

システムの異常性の疑いがないこと

・上記以外に件数の異常性がみられないかを確認する。たとえば、突然ある月を境に該当0件になった状態のままのリスク評価項目が存在する場合がこれに当てはまる。この場合は、なんらかのシステム上の不具合によってデータを正しく集計することができなくなり、誤ったリスク格付が付与されてしまっている可能性があるため、早急に原因について調査を行う必要がある。

○リスク格付モデルの正確性の観点

リスク格付別の疑わしい取引の届出率が「H＞M＞L」の順に並んでいること

・顧客リスク格付モデルがマネロンリスクを正確にとらえているかどうかを定量的に評価するための指標として、リスク格付ごとの疑わしい取引の届出実績に基づく届出率を確認する。基本的にマネロンリスクが高いと判断されるハイリスク顧客から疑わしい取引の届出が出る割合が高く、ローリスク顧客から届出が出る割合が低くなっていれば、精度の観点からモデルが正しくマネロンリスクをとらえていると評価することができる。逆に、この傾向に逆転現象がみられる場合は、現在の顧客リスク評価モデルでは捕捉できていない、別のマネロンリスクが存在していることが考えられる。この場合は、格付で低リスクと判定されたにもかかわらず疑わしい取引の届出対象となった顧客について、届出に至った理由の詳細な分析を行い、運用中の顧客リスク格付モデルとのGap分析を実施する必要がある。

各リスク評価項目に該当した場合の届出率の水準が低くないこと

・届出率の水準が極端に低いリスク評価項目が存在していないか検証する。顧客リスク格付モデルは、基本的に各社がリスク評価を行った結果、自社のマネロンリスクを正しく反映している項目で構成されていることが前提である。ある1つのリスク評価項目について、その項目の該当有無と疑わしい取引の届出率が逆転している場合は、むしろそのリスク評価項目に該

第9章　AMLシステムの有効性検証　191

当しない場合のほうが届出につながりやすいことを示している。たとえ
ば、リスク評価を行った結果、本人確認の実施記録のない顧客をリスクと
とらえ、口座開設時の「本人確認有無」というフラグ形式のリスク評価項
目を顧客リスク格付モデルに採用したと仮定する。一定期間モデルを運用
した結果に基づき有効性検証を実施したところ、「本人確認無」の届出率
が非常に低く、「本人確認有」の届出率のほうが高いことが判明した。こ
のように、リスク評価項目の想定と実績に乖離がある場合は、顧客リスク
格付モデルの精度を悪化させる要因となるため、当該項目を継続してモデ
ルで使用するか検討する必要がある。

　上記の観点から課題が検出された場合は、有効性を改善するよう顧客リス
ク格付モデルのチューニングを行う。具体的には、過去のリスク格付結果と
疑わしい取引の届出実績を突き合わせたバックテスト用データを作成し、ロ
ジスティック回帰分析などの高度な統計的手法も組み合わせて検証を行い、
リスク評価項目の入替えやウェイトの調整を行う。
　データ分析を加味したバックテストは重要ではあるが、精度のみを追求し
たチューニングを適用し過ぎると、既知のマネロンリスクには強いが未知の
マネロンリスクには弱いモデルとなってしまうリスクもあり、注意が必要で
ある。また、精度を追求した結果、モデルに採用した項目とマネロンリスク
との関係が説明不能となり、業務的なリスク評価の観点がモデルから失われ
れば、リスク評価書の内容と乖離したリスク格付モデルとなってしまう。下
記に示した例のように、データ分析の観点と業務的な観点をバランスよく考
慮した見直しが求められる。

　事例　**相対基準のリスク評価項目定義の見直し⑴**

　金融機関Aでは、「本人確認有無」というリスク評価項目について、
「本人確認無」よりも「本人確認有」のほうが疑わしい取引の届出が行

われる傾向にあり、その理由について、詳細な分析を行った。その結果、データ上「本人確認無」の顧客はわずかに存在するだけで、旧来からの取引がある優良顧客の割合が高いことがわかった。一方で「本人確認有」で届出がされた顧客のなかには、口座開設時は適切な本人確認が行われたものの、その後口座を違法に転売し、届出対象の取引が発生した時点では、すでに口座の持ち主は別人となっている場合が多いことがわかった。

　金融機関Aは、口座開設時の本人確認有無に関するデータを顧客リスク格付モデルに投入しても正確にマネロンリスクをとらえることができないと判断し、「本人確認有無」の項目はモデルからは除外し、かわりに転売につながるリスク評価項目を今後分析し、必要に応じてモデルに追加することとした。モデルから除外された「本人確認有無」については引き続き本人確認プログラムのなかで管理し、「本人確認無」に該当する旧来の顧客については本人確認情報取得の推進を強化することとした。

事例　**相対基準のリスク評価項目定義の見直し(2)**

　金融機関Aでは、日本国内に居住していない顧客による取引をリスクととらえており、顧客リスク格付モデルの相対基準として「国内非居住者」というフラグ形式のリスク評価項目を使用している。一定期間モデルを運用した後、「国内非居住者」の項目について有効性の検証を行ったところ、「国内居住者」のほうが「国内非居住者」よりも疑わしい取引の届出率が高いことがわかった。このため、金融機関Aは「国内非居住者」のリスク評価項目をモデルから除外するか検討を行った。

　詳細な分析を実施したところ、1顧客当りの取引件数は「国内居住者」のほうが「国内非居住者」よりも圧倒的に多く、このことが「国内

居住者」の届出率が高いことにも影響していることが考えられた。また、業務的な視点から「国内非居住者」について再度リスク評価を実施したが、今後も取引モニタリングや顧客管理を強化して実施する必要性がある対象と判断された。

　最終的に金融機関Ａは、「国内非居住者」の項目をモデルから除外することはせずに、項目のウェイトをチューニングすることによって過度にモデルの精度が劣化しないようにする対応を行った。

　各リスク評価項目の入替えやウェイトのチューニングを実施すると、合計スコアの分布が変化するため、リスク格付ごとの顧客数の分布も変化する可能性がある。リスク評価項目のチューニングを実施した場合は、再度リスク格付の区分（Ｈ／Ｍ／Ｌ）を決定する合計スコアの閾値についても適切な値を検討したうえで、新たな顧客リスク格付モデルの運用を開始する。

参考　**マネー・ローンダリング及びテロ資金供与対策に関するガイドライン**

Ⅱ　リスクベース・アプローチ

Ⅱ－2　リスクの特定・評価・低減

(1)　リスクの特定

【対応が期待される事項】

ａ．自らの事業環境・経営戦略等の複雑性も踏まえて、商品・サービス、取引形態、国・地域、顧客の属性等に関し、リスクの把握の鍵となる主要な指標を特定し、当該指標についての定量的な分析を行うことで、自らにとって重要なリスクの高低及びその変化を適時・適切に把握すること

(3)　リスクの低減

(ii)　顧客管理（カスタマー・デュー・ディリジェンス：CDD）

【対応が期待される事項】

ａ．商品・サービス、取引形態、国・地域、顧客属性等に対する自らの
　マネロン・テロ資金供与リスクの評価の結果を総合し、顧客ごとに、
　リスクの高低を客観的に示す指標（顧客リスク格付）を導入し、これ
　を随時見直していくこと

9-5 ▶ 取引モニタリングの有効性検証

取引モニタリングのシナリオは
どのように見直せばよいのか

(1) 取引モニタリングにおける課題

　AMLシステムを運用するうえで直面する課題の1つは、取引モニタリングにおいて誤アラート（もしくは偽陽性アラート：False Positive Alert）が大量に発生することである。これらの誤アラートは、取引モニタリングのシナリオで定義した条件には合致するものの、調査の結果マネー・ローンダリングの疑いがあるとはいえず、疑わしい取引の届出を行う対象ではないと判断されたものである。リスクベース・アプローチの観点からは、マネロンリスクの高いアラートに対して多くの人的リソースを割り当てることが望ましいが、誤アラートが大量に存在すると、調査時間の大半が誤アラートのふるい落としに費やされることとなってしまう。

　そこで、取引モニタリングで運用しているシナリオについては、生成されたアラートが疑わしい取引の届出に寄与しているかどうか、その有効性を定期的に検証する必要がある。取引モニタリングの有効性検証では、統計的な観点に基づくデータ分析を実施するのがスタンダードである。検証の結果、有効性が低下していると判断された場合は、パラメータの閾値を変更したり、シナリオ自体を入れ替えたりするなどの対応が求められる。本項では、取引モニタリングシナリオの有効性検証に際して、実施すべき作業の概要を説明する。

(2) シナリオの有効性検証のポイント

　取引モニタリングシナリオの有効性検証は、まず各シナリオの安定性と正確性の観点から、アラートの発生状況や疑わしい取引の届出実績を確認するところから始まる。具体的に確認すべきポイントをいくつかあげると以下のようになる。これらの確認ポイントについては、他のビジネス機能の有効性検証と同様に、定期的に担当者が確認できるよう、あらかじめ管理レポートに月次で時系列のグラフを含めておくなどの対応をすることが望ましい。

○取引モニタリングシナリオの安定性の観点
シナリオ別のアラート件数が安定していること
・シナリオ別のアラート発生件数を定期的に集計し、ほぼ同じ件数が維持されていることを確認する。アラート発生件数は、日次などの短期間では通常でも大きく変動することがあるため、月次で集計して確認するのがよいだろう。月次のアラート発生件数が毎月ほぼ一定であれば、そのシナリオのアラート件数は安定していると考えることができる。たとえば、あるシナリオの1年前の月間アラート発生件数が100件であった場合、今月のアラート発生件数も100件程度であればそのシナリオは当初想定したとおりの性能を発揮していると考えることができる。仮に1年前から徐々にアラート発生件数の増加が認められ、今月の時点で200件であった場合は、1年前とは前提が変わりシナリオの条件に該当する高リスク取引が倍に増加していることになるため、これらのアラートが増加した背景を分析し、現在シナリオで定義しているパラメータ値などの条件を変更する必要があるか検討を行う。

ある時期のアラート件数が突出するなどの不自然さがないこと
・ある月だけ特定のシナリオから生成されたアラートの件数が急激に増加（もしくは減少）し、翌月また元の水準に戻ったなど、不自然なアラート件数の変動がないかを確認する。たとえば、毎月アラートが500件程度生成

されていたシナリオが、ある月だけアラート数が10件となり、翌月以降はまた500件程度に戻ったとする。この場合、10件に減った月のアラート生成が正しく実施されていない可能性があるため、その原因について確認する必要がある。

システムの異常性の疑いがないこと

・上記以外にアラート件数に異常性がみられないかを確認する。たとえば、ある月を境にアラート発生件数が0になり、その状態が継続しているシナリオが存在する場合がこれに該当する。このように突然アラート数が0になった場合は、データ取得元のシステムで使用されている取引区分等のコード値が変更されたにもかかわらず、AMLシステム側で変更に対応するためのプログラム修正が行われなかったなど、システム上のトラブルが発生していることが考えられる。このような状況では、本来アラートとして検知すべきリスクの高い取引が、AMLシステムを何事もなかったかのように通過してしまっている可能性があるため、早急に原因調査を行う必要がある。

ピアグループの件数や各種統計値が安定していること

・プロファイルベースのシナリオを使用している場合は、各ピアグループに含まれる顧客数や取引に関する統計値（平均値、標準偏差等）が安定していることを確認する。ピアグループプロファイルによる疑わしい取引の検知は、ピアグループに含まれる顧客同士の属性や取引状況が類似しているという前提で行われている。ピアグループ内の顧客同士の類似性が失われれば、取引状況の分布のばらつきも拡大し、本来検知すべきアラートが検知できなくなるなど、プロファイルベースのシナリオが有効に機能しなくなる原因となる。

○取引モニタリングシナリオの正確性の観点

各月のシナリオ別の届出件数が安定していること

・シナリオ別に生成されたアラートから、疑わしい取引の届出に至った件数

を定期的に集計し、ほぼ同じ件数が継続して届出されていることを確認する。たとえば、あるシナリオの1年前の月間届出件数が50件であった場合、今月の届出件数も50件程度であれば、そのシナリオは当初想定したとおりの検知精度を維持していると考えることができる。一方で1年前から徐々に届出件数の増加が認められ、今月の件数が100件であった場合は、1年前とは前提が変わり、シナリオの条件に該当するマネロンリスクの高い取引が大幅に増加していることになるため、いまよりも閾値を下げて、より多くのアラートを調査する対応を行うべきかなどを検討する必要がある。

シナリオ作成時に想定した届出率が維持されていること

・シナリオ作成時にシミュレーションを実施して、アラート発生数や届出数の想定値が存在する場合は、当初想定していたシナリオの検知精度と現時点の検知精度を比較する。取引モニタリングのシナリオは、利用期間が長くなるにつれて誤アラートが増加し、検知精度が低下する場合がある。現時点の検知精度が当初想定していた検知精度を大きく下回る場合は、シナリオの見直しを行う必要がある。具体的には、シナリオ中のパラメータの閾値を変えたり、新たな観点の項目を追加したりすることでシナリオの精度が改善するかどうかを検証する。

各シナリオの届出率の水準が低くないこと

・届出率の水準が低いシナリオは、誤アラートの割合が高いシナリオであり、有効性が低下した状態となっているため、まずはパラメータ変更等の対応で有効性が改善するかを検証する。これらの対応では改善が見込めない場合は、有効性が低い原因について詳細な分析を実施したうえで、当該シナリオは除外し別のシナリオに変更するなどの対応を考える必要がある。

　上記の確認ポイントで課題が確認された場合は、対応方針を検討したうえでシナリオのチューニングを実施する。チューニングにあたっては、AML

第9章　AMLシステムの有効性検証　199

システムにおいて取引モニタリングを実施した結果蓄積された、アラートデータや疑わしい取引の届出データなどをシステムから抽出し、バックテストとして取引モニタリングのシミュレーションができるようにする。

　取引モニタリングの有効性検証は、単にアラート数を削減するのではなく、調査すべき取引が適切にアラートとして検出されるようにすることが目的である。たとえ件数のうえでは誤アラートが減ったとしても、それがやみくもにパラメータを変更した結果であれば、正しい有効性検証とはいえない。特に、シナリオに含まれる回数や金額などの閾値を変更する場合は、極端に閾値を上げ過ぎることがないよう注意する。一定期間疑わしい取引の届出が発生していないからといって、見直しの度に閾値を上限ぎりぎりまで上げるようなチューニングを行っていくと、いずれ本来届出すべきだった取引までアラートとして検知されなくなる偽陰性（False Negative）リスクが拡大するためだ。

　このため、取引モニタリングの有効性検証では、届出対象となったアラートのみでなく、ケース管理を行い調査をしたことに意味があった（明らかな誤アラートではなかった）アラートも有効な真陽性（True Positive）アラートとして考える場合もある。

事例　**取引モニタリングのシナリオの見直し⑴**

　金融機関Ａでは、取引モニタリングの有効性検証として、アラート発生件数と疑わしい取引の届出件数を月次で集計して確認をしている。今月の取引モニタリングの実施結果を確認したところ、「１日の現金入金回数が10回以上の取引が発生」というシナリオのアラート発生件数が400件であったのに対し、届出件数は３件であり、届出率が１％未満となったため、今後の本シナリオの扱いについて対応を検討することになった。

　直近１年間で本シナリオによってアラートとして検出され、その後届

出までされた取引を分析したところ、1日の現金入金回数の最小値は15回、最大値は36回であった。金融機関Aは、本シナリオの閾値を12回まで上げることで誤アラートを削減することを検討したが、シミュレーションを実施したところ、アラートの発生件数は350件までしか減少しないことが判明した。そこで、さらに詳細な分析を実施したところ、誤アラートのほとんどは少額の現金入金によるものであり、金融犯罪との関連性が認められないものであることがわかった。よって、本シナリオの条件に、1日の現金入金額の下限値として50,000円を適用して再度シミュレーションを実施したところ、アラート発生件数は100件まで減少することが判明した。

　金融機関Aはこれらの分析結果をふまえて、本シナリオを「1日の現金入金回数が12回以上かつ現金入金額が50,000円以上の取引が発生」と変更したうえで、継続して取引モニタリングで使用することにした。

事例　　**取引モニタリングのシナリオの見直し(2)**

　金融機関Aでは、取引モニタリングにおいて、「1日の現金出金額が5,000,000円以上の取引が発生」というシナリオを現在使用している。本シナリオの有効性を検証するため、管理レポートを確認したところ、毎月のアラート件数がおよそ50件程度であったのに対し、届出件数は0件もしくは1件の月しか存在せず、届出率が低い状況が1年続いていることが確認された。

　金融機関Aは、現金出金額の閾値を調整して誤アラートを削減できないか検討するため、過去1年分のアラートや届出に関するデータについて分析を行った。その結果、届出となった取引の現金出金額は幅広く存在し、閾値近辺の値でも届出された取引が複数存在するため、閾値を上げると今後これらに類似した取引がモニタリングの対象から外れ、

第9章　AMLシステムの有効性検証　201

False Negativeとなってしまうことがわかった。

　金融機関Aは、あらためて本シナリオの有効性について検討したが、自社のリスク評価では大量の現金出金をハイリスクとしてとらえており、現状誤アラートとして分類されている取引についても調査自体は必要であったと判断した。また、本シナリオは検知精度こそ低いが、アラート数が特段多いわけではなく、調査担当者の作業負荷を大きく上げる要因ともなっていないため、本シナリオについては現行のまま継続して運用することとした。

| 参考 | **マネー・ローンダリング及びテロ資金供与対策に関するガイドライン** |

Ⅱ　リスクベース・アプローチ

Ⅱ－2　リスクの特定・評価・低減

(1)　リスクの特定

【対応が期待される事項】

ｂ．一定量の疑わしい取引の届出がある場合に、単に届出等を行うにとどまらず、届出件数及び金額等の比較可能な定量情報を分析し、部門・拠点間等の比較等を行って、自らのリスクの検証の実効性を向上させること

(3)　リスクの低減

(ⅴ)　疑わしい取引の届出

【対応が求められる事項】

⑥　実際に疑わしい取引の届出を行った取引についてリスク低減措置の実効性を検証し、必要に応じて同種の類型に適用される低減措置を見直すこと

(ⅵ)　ITシステムの活用

【対応が求められる事項】

④　取引の特徴（業種・地域等）や抽出基準（シナリオ・敷居値等）別の検知件数・疑わしい取引の届出件数等について分析を行い、システム検知以外の方法で得られた情報も踏まえながら、シナリオ・敷居値等の抽出基準について改善を図ること

9-6 ▶ フィルタリングの有効性検証

フィルタリングはどのように見直せばよいのか

(1) フィルタリングで追求すべきこと

　ウォッチリストフィルタリングは、マネー・ローンダリング対策よりもテロ資金供与対策や反社会的勢力対策を目的とした業務で使用される場面が多い。通常、反社会的勢力や制裁対象者に関連する取引が頻繁に発生することはないため、AMLシステムでウォッチリストフィルタリングの機能が生成するアラートのほとんどは誤アラートとなり、正しいアラート（True Positive）が発生する場面に遭遇することはまれである。誤アラート率を比較すると、取引モニタリングよりもウォッチリストフィルタリングのほうが圧倒的に大きいだろう。フィルタリングを実施する業務では、1件でも誤りがあれば大きな問題へとつながるため、多少でも可能性があるのならば調査すべき対象とみなされる。逆にいえば、ある程度の誤アラートは発生させたうえで、そこから絞り込みを行うようなプロセスが初めから想定されている。よって、ウォッチリストフィルタリングの有効性検証は、統計的な精度を追求するよりも、内容の正確性や完全性に重きを置いて実施されることが多い。

(2) フィルタリングの有効性検証のポイント

　ウォッチリストフィルタリングの有効性検証では、フィルタリングロジックの安定性や正確性のみでなく、使用しているリストデータの正確性や、アラート処理の正確性の観点からも確認を行う。具体的に確認すべきポイント

をあげると以下のようになる。

○リストデータの正確性の観点
リストの内容が充足していること
・使用しているウォッチリストの中身が規制対応で求められる水準にあるかどうかを確認する。最新の経済制裁リストや反社会的勢力リストを使用するだけでなく、制裁対象国に隣接した国や地域の都市名、船積港などの関連情報についても最新のデータがリストに登録されているかを検証する。たとえば、直近のテロ資金供与リスクとしてあげられているキーワードをいくつかサンプリングし、それらが現在利用しているリストに登録されているかどうか確認を行う。

リストのデータ形式が適切であること
・ウォッチリストのデータが、フィルタリングロジックで照合可能な形式で登録されていることを確認する。たとえば、漢字氏名と生年月日を使用してフィルタリングを実施するシステムであるにもかかわらず、登録したリストにローマ字氏名と生年月日しか存在しないのであれば、照合ロジックをいくら精緻に作成してもまったく意味がない。また、AMLシステムとリストが記載されたファイルの文字コードが一致しておらず、文字化けを起こしたままの状態でリストデータをAMLシステムに取り込んでしまうと、その後の照合ロジックで検知もれとなるリスクがある。よって、リストの各項目の入力状況や文字コードなど、データ形式が適切か検証を行う必要がある。

○フィルタリングロジックの安定性の観点
システムの異常性の疑いがないこと
・フィルタリングは金額や回数のデータを主とする取引モニタリングとは性質が異なり、有効性評価の観点としてアラート数が安定していることが必ずしも重要であるとはいえない。しかしながら、アラートが突然ある月か

第9章　AMLシステムの有効性検証　205

ら0件となるなどの現象が起きれば異常であり、ウォッチリストフィルタリングがAMLシステムで正しく機能していない可能性がある。このような場合は、リストデータを更新しようとした際にデータに異常があり正しくAMLシステムにリストデータを反映できなかったなど、システム上の不具合が疑われるため、早急に原因について調査を行い対応する必要がある。

○フィルタリングロジックの正確性の観点
調査に不必要な誤アラートが大量に発生していないこと
・前述のとおり、ウォッチリストフィルタリングでは、幅広い候補のなかから絞り込みを行うようにして照合を行うことが求められている。よって、最終的にリストに登録された人物・団体とは異なると判定されたアラートでも、たとえば名称と生年月日が同一であった場合などは、調査すべき有効なアラートであったと考えられる。このため、すべての誤アラートが排除されるべき対象とはいえない側面がある。一方で、明らかにノイズとして生成されている誤アラートについては、調査リソースが不必要に奪われる原因となるため、削減することが求められる。具体的には、誤アラートのうち明らかに除外したいものの照合パターンを記録・集計しておき、AMLシステムのホワイトリストへの登録や、照合ロジックのあいまい度合いのチューニング等でアラート対象から除外されるか検証する。ただし、照合ロジックの安易なチューニングはデグレード（その照合パターンは改善されても他の照合パターンが改悪されること）を引き起こすおそれがあるため注意を要する。

○アラート処理の正確性の観点
ホワイトリストによってアラートを抑止し過ぎていないこと
・フィルタリングの除外対象を登録するホワイトリストは、誤アラートの削減には有効ではあるが、誤った登録が行われれば、本来アラートとして検

知すべきであった対象が二度と検知されなくなってしまうリスクがある。このため、ホワイトリストの登録が適切に行われていることを定期的に確認する必要がある。具体的には、サンプリングによるホワイトリスト登録内容の調査や、ウォッチリストと同内容の項目がホワイトリストに登録されていないか完全一致や部分一致等で照合を行い、照合結果が0件であることを確認する。

正しいアラートを誤アラートとして処理していないこと

・フィルタリングの照合ロジックでは正しく検知されたが、その後の調査フローで、調査者が誤って不一致として処理したアラートが存在しないことを確認する。たとえば、名称でフィルタリングを実施した際、完全一致で人名や団体名でリストと一致したアラートは、同一人物・団体である可能性が相対的に高いため、これらのアラートについてサンプリングを行い、処理結果が適切であったかどうかを再度検証する。

　上記の確認ポイントで課題が確認された場合は、対応方針を検討したうえで照合ロジックや各種リストのチューニングを実施する。正確性や完全性の観点から、過去のフィルタリング結果について疑義が生じた場合は、チューニングを実施した後、再度過去のデータに対しバックテストを行い、その結果を検証する。

　また、過去生成されたアラートのほとんどが誤判別（False Positive）だからといって、照合ロジックに極端に誤アラートを減らすチューニングを加えると、検知もれを起こすリスクがあるため注意が必要である。通常、顧客がウォッチリストに該当することは非常に少ないため、正しく検知されたアラートのみを基準にしてチューニングを行ってしまうと、将来的に本来検知できたはずのアラートが生成されなくなるFalse Negativeのリスクが上がる。このため、ある程度幅広に検知を行ったうえで絞り込みを行うような緩やかさを照合ロジックに残す必要がある。

第9章　AMLシステムの有効性検証　207

| 事例 | ウォッチリストフィルタリングのロジックの見直し(1) |

　金融機関Ａは、AMLシステムに各種ウォッチリストを登録して海外送金依頼人に対するフィルタリングを実施している。このAMLシステムでは、照合ロジックに「あいまい度合い」という０～100の範囲の値を指定するパラメータが使用されており、値を上げる（＝完全一致から遠ざかる）とアラート数が増加し、下げる（＝完全一致に近づく）とアラート数が減少する特徴がある。

　金融機関ＡはAMLシステム導入時に、この「あいまい度合い」を40に設定したが、導入から１年間経過したタイミングで、本設定が適切かどうか確認するため有効性検証を行った。この１年の間に、本システムのフィルタリングによって検出された総アラート数は10,000件で、調査の結果、本当にリストに登録された人物・団体と一致して取引を停止したのは５件であった。これら５件については「あいまい度合い」の値を20としても検知可能であり、その場合総アラート数を6,000件まで減らせることがわかったが、削減された4,000件のアラートのなかには、最終結果は不一致ではあったものの、一見しただけでは誤アラートと判断できないものが1,000件存在した。金融機関Ａがこれら1,000件のアラートについて再度分析したところ、「あいまい度合い」を35にしても検知可能であることがわかり、その場合、総アラート数は9,000件まで減らせることがわかった。これらの分析結果から、金融機関Ａは、今後フィルタリングの「あいまい度合い」を35と変更したうえで運用することとした。

事例　ウォッチリストフィルタリングのロジックの見直し(2)

　金融機関Aは、反社会的勢力に該当する顧客のフィルタリングを
AMLシステムで実施しており、照合ロジックには漢字名称とカナ名称
を使用している。さらに、今後は外国PEPsに該当する顧客のフィルタ
リングについても同じシステムで実施することとなった。

　金融機関Aが事前にPEPsリスト提供会社からサンプルデータを入手
して分析したところ、アルファベット表記の名称しか記載されていない
外国PEPsが多数含まれていることが判明した。このため、金融機関A
がAMLシステムの仕様を確認したところ、顧客の漢字名称やカナ名称
をPEPsリストのアルファベット表記の名称と照合しても、そもそもデー
タの形式に齟齬があるため必ず不一致と判定されることがわかった。

　そこで金融機関Aは、外国人の顧客については上流の本人確認システ
ムからアルファベット表記の名称を追加で取得して、日本人の顧客につ
いてはカナ名称をローマ字変換したものをアルファベット表記の名称と
して使用することとした。金融機関Aが外国PEPsフィルタリングで使
用する顧客名称は、新たに作成されたこれらのアルファベット表記の名
称を使用する予定である。

9-7 ▶ 先進的な技術の活用

新しいテクノロジーを
どのように使えばよいのか

　昨今、AML/CFT関連の規制の厳格化が進み、金融機関のコンプライアンス対応コストが上昇し続けている。次々と手口を変えてやって来る金融犯罪との戦いに終わりはない一方で、企業の人材やコストの投入には限界がある。金融機関では、人材の確保やITシステムへの投資が大きな課題となっており、なんらかの効率化を図らない限り、AML業務やシステムの有効性を維持することがむずかしくなりつつある。こうした背景のなか、いわゆるFinTech（もしくはRegTech）と呼ばれる新しいテクノロジーを活用することによって、これらの課題を解決しようとする取組みが始まっている。

　FinTechの進展によって、業務担当者が規制対応に忙殺される時間を削減し、本来注力すべき金融犯罪の防止や顧客保護などの業務に多くの時間を使えるようになることが期待されている。これによって、各金融機関の金融犯罪対策業務の質が向上すれば、金融規制当局にとっても大きなメリットとなる。金融庁はAML/CFTガイドラインにおいてもFinTech等の活用を後押ししており、新たなテクノロジーがAML業務へ適用される機会は今後さらに増えていくだろう。

　FinTechはさまざまな技術を対象としているが、本項ではすでに実用化が進んでいるAI（Artificial Intelligence：人工知能）とRPA（Robotics Process Automation）、ネットワーク分析の活用方法について説明する。

（1）　AIによるアラート調査効率化

　取引モニタリングにおける有効性検証で最も大きな課題は、誤アラートの

調査に多くのリソースが奪われていることである。これまで、取引モニタリングの有効性検証では、疑わしい取引の届出対象となった取引の傾向を分析し、そこで得られた知見をシナリオに反映することが重視されてきた。しかしながら、金融機関における全取引のなかで、本当にマネー・ローンダリングの疑いがある取引はほんの一握りである。シナリオで使用されるパラメータの値のほんのわずかなブレが大量の誤アラートにつながるため、届出対象となった取引の傾向を分析するだけでは誤アラートを減らすことはむずかしい。そこで誤アラートとなる取引の傾向についてもデータ分析を行い、誤アラートの判断基準についてもシナリオ中のパラメータとして組み込むことができればよいのだが、誤アラートの取引パターンもさまざまであり分析は容易ではない。

　アラートを調査する際、調査員は顧客の属性や、その顧客が行っている他の取引の状況などのデータを総合的に判断しながら届出要否を判定している。よって、過去の調査員がなぜそのアラートを届出すべき（もしくは届出不要）とデータから判定したか、その一連のプロセスをAIに学習させることができれば、あたかも調査員が判定するように、AIが自動的にアラートの正誤判定を行うことができるようになる。

　また、AIの導入によって疑わしい取引の届出業務のアラート調査プロセスも変わる。通常、AMLシステムで生成されたアラートは、一様に調査員に配信されるが、AIが平均的な調査員と同程度のアラート調査を行うことができるのであれば、すべてのアラートの1次判定をAIに置き換えることができる。AIは、疑わしい取引の届出に該当する度合いを示すリスク確率と、その判定理由を高リスク要因と低リスク要因別に出力する（図表9－7－1）。低リスク要因が多数存在するため、誤検知の可能性が高いと判定された低リスクアラートについては、そのまま調査を完了する。従来の調査員は高リスクアラートの詳細な調査や、AIが判定に迷った中リスクアラートの調査のみに注力すればよいため、限られた人的リソースをリスクベース・アプローチの観点から効果的に活用することができる。さらに、これらのア

第9章　AMLシステムの有効性検証　211

図表９－７－１　AIの判定結果のイメージ

アラート ID	口座番号	予想届出確率	高リスク要因	低リスク要因	
XXX	XXXXXX	99.85%	過去にも届出実績有。過去届出歴のあるXXXXXからの送金有。日次におけるXXXXXの頻度増加。XXXXXの振込入金が増加。XXXXXの振込出金が多数。	（なし）	届出となる可能性が高い高リスクアラートのイメージ
XXX	XXXXXX	93.45%	過去にも届出実績有。捜査関係事項照会履歴有。海外送金が急激に増加。XXXXXの現金出金有。	（なし）	
XXX	XXXXXX	51.10%	XXXXXの顧客。XXXXXの振込入金が増加。	長期間のXXXXXの契約有（XX年以上）。	AIが判定に迷った（＝高リスク要因と低リスク要因が混在）中リスクアラートのイメージ
XXX	XXXXXX	48.46%	日次におけるXXXXXの頻度増加。	業種がXXXXXでありXXXXXの入出金の可能性有。	
XXX	XXXXXX	0.20%	（なし）	XXXXXに伴う残高減少の可能性有。XXXXXな振込の入金減少。	届出となる可能性が低い（＝誤アラートの疑いが濃厚）低リスクアラートのイメージ
XXX	XXXXXX	0.01%	（なし）	長期間のXXXXXの契約有（XX年以上）。XXXXXなどが理由で多数の取引が発生した可能性有。	

ラートについては、調査員がAIによる判定結果を事前に参照できるので、効率的に調査を行うことができるし、確認もれのリスクも減る（図表9－7－2）。

ただし、AIの利用に際しては注意すべき点もある。まず、AI自体の有効性検証が必要になるという点だ。マネー・ローンダリングの手口が変われば、AIの判定も陳腐化するリスクがある。よって、取引モニタリングのシナリオと同様に、AIによる判定が正しく実施できていることを定期的に検

図表9－7－2　従来の調査フローとAIを活用した調査フローの違い

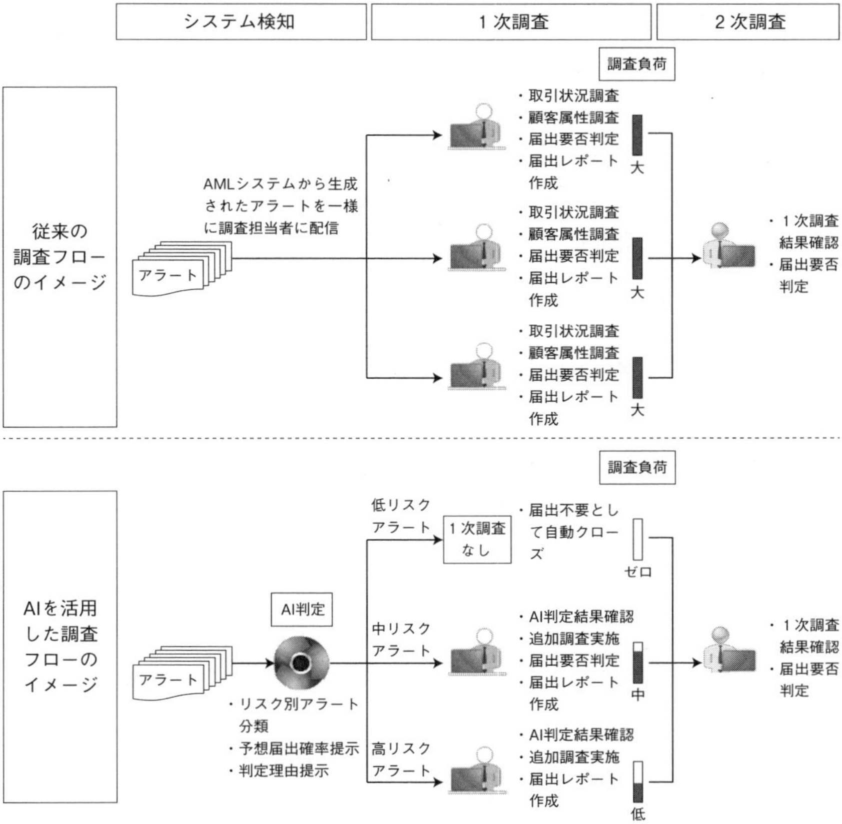

第9章　AMLシステムの有効性検証　213

証しなければならない。具体的には、判定結果の一部を毎回サンプリングして、ベテラン調査員からみても違和感のない判定となっているか再度検証する方法が考えられる。また、AIの判定プロセスに透明性が求められるという点も重要だ。規制対応という点を考慮すると、AIの判定プロセスについて説明が求められる場面も多々あるだろう。AIがどのような条件に従って届出要否の判定を行ったのか、後からトレースできるようなホワイトボックスの技術を用いることが必要となる。もしAI内部の処理がブラックボックスであれば、なぜそのような判定に至ったのか人間が解釈することができない。有効性検証の際にAIの判定結果に課題が認められても、どこにどのようなチューニングを行えばよいのかがわからず、運用に耐えないだろう。

　AMLにおけるAIの導入は、上記のように考慮すべき点もあるため、まだ多くの事例が存在するわけではない。しかし、近年Sibos（SWIFT International Banking Operations Seminar）等の国際会議でも、AML業務におけるAIの活用をテーマとした多数のセッションが開かれており、AML業務の高度化における主要なトピックとなりつつある。

(2)　RPAによる届出業務効率化

　取引モニタリングにおけるアラート調査業務では、届出要否の検討の際にさまざまなデータを参照する必要があるが、データ収集のために多数の手作業が発生する。たとえば、調査の際に口座開設時の本人確認資料を参照したい場合は、調査員がアラート調査中のケース管理システムとは別の本人確認システムの画面を開き、アラート対象の顧客に関する本人確認資料を検索してダウンロードし、PDF等の指定されたファイル形式に変換したうえで、ケース管理システムの必要な箇所に添付する。上記の作業プロセスの大部分は、データ収集やファイル作成などの単純作業によって占められているが、本質的な調査以上に時間が費やされてしまうことも多いだろう。

　もし、本人確認資料などの必要なデータが本人確認システムから自動的に連携され、あらかじめケース管理システムに添付されていれば、調査員は本

人確認資料の確認のみに注力すればよく、調査の生産性や品質を向上させることができる。このような課題を解決するためには、従来はシステム開発によって機能を実装するアプローチが主流であった。しかし、それでは時間もコストも大幅にかかってしまう。単純作業として人間ができることであれば、それをコンピュータ上のロボットに代行させることで、システム開発を行うことなく課題を解決することができる。このような背景から、近年AML業務の分野でRPAの導入が急速に進んでいる。

上記のように、あたかもシステム開発によって機能を実装したのと同様の成果を低コストで実現できるのがRPAのメリットである。RPAはデータ収集業務以外にも、EUC（エンドユーザーコンピューティング）ツールを使った管理レポート等の帳票作成や、疑わしい取引の届出のためのデータ入力支援など、さまざまな業務に応用することができるだろう。

ただし、RPAの導入に際しては検討すべきポイントがある。1つは、人間の作業プロセスをロボットがやりやすい作業プロセスに整理し直す必要がある点だ。人間はだいたいの方針が決まっていればある程度ファジーな順序で作業を実施することができるが、RPAでは明確に作業手順を示す必要がある。次に、RPAはAIのように取引内容から疑わしい取引の届出要否を判断するといった、高度な解釈を必要とする作業には適さない。場面に応じて、RPAとAIのどちらが適しているかを考慮しながら使い分ける必要があるだろう。また当然のことながら、他の機能と同様にRPAの処理結果についても定期的に有効性を検証することが求められる。具体的には、RPAの処理結果のログに不審な点が存在しないかを確認したり、処理結果のデータをサンプリングして内容に問題がないかを検証したりすることが必要となるだろう。

(3) ネットワーク分析による未知の関係性の調査

従来の取引モニタリングでは、単一の顧客や口座に関する取引を分析し、疑わしい取引に該当する特徴がみられるようであれば、アラートを発生させ

図表9－7－3　ネットワーク分析によるマネロンリスクの高い顧客の調査

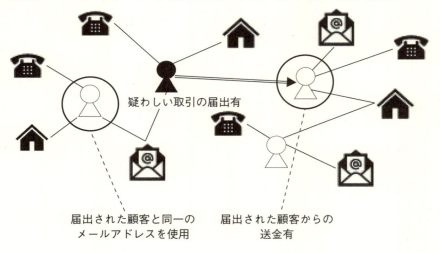

て調査する、といったアプローチがとられてきた。しかしながら、この方法では、複数の口座や顧客にまたがる複雑な取引に関する検知がむずかしいことや、同じ電話番号や住所、実質的支配者の情報などを有する顧客のつながりを考慮した調査が簡単にできない、といった課題があった。

　このような調査を高度化する仕組みがネットワーク分析である。ネットワーク分析では、顧客の住所や電話番号、メールアドレスなどの関連性や、送金に関する情報を用いたネットワークデータを作成する。ネットワーク分析を用いれば、これまでの取引モニタリングでは検知されなかった顧客を調査対象に加えることが可能である。具体的には、疑わしい取引の届出が過去に行われた顧客からの送金があったり、住所や電話番号、メールアドレスなどが届出された顧客と一致しているとわかれば、マネロンリスクの高い顧客として早い段階で認識することができる（図表9－7－3）。

| 参考 | マネー・ローンダリング及びテロ資金供与対策に関するガイドライン |

Ⅱ　リスクベース・アプローチ

Ⅱ－2　リスクの特定・評価・低減

⑸　FinTech等の活用

【対応が期待される事項】

a．新技術の有効性を積極的に検討し、他の金融機関等の動向や、新技術導入に係る課題の有無等も踏まえながら、マネロン・テロ資金供与対策の高度化や効率化の観点から、こうした新技術を活用する余地がないか、前向きに検討を行うこと

第9章　AMLシステムの有効性検証　217

顧客リスク格付モデルに関する疑問

Xさん：リスク管理のスペシャリスト
Yさん：新任の顧客リスク評価の担当者

Xさん：当社でも、システムを使って全顧客にマネロンリスクの格付をつけることになりました。

Yさん：何かパッケージ製品を導入するのですか？　私も数社から説明を受けましたが、最終的にパッケージ製品がどうやってハイリスク顧客を決めてくれるのか、いまひとつわかりませんでした。

Xさん：パッケージ製品は、全顧客に格付を付与するための処理を効率的に行うための仕組みを提供するものであって、どのような顧客をハイリスクとして扱うかは、われわれが定義しなければなりません。

Yさん：どうやって決めればよいですか？

Xさん：当社では、債務者の格付を決めるのにデフォルト率を推計するモデルを使用していますね。それと同じように、AMLでもマネロンリスクを定量化するためのモデルを定義する必要があります。

Yさん：モデルというと統計的なデータの分析が必要ですよね。そのような高度なモデルを本当にわれわれがつくれるのでしょうか。

Xさん：もちろん統計的なスキルも必要ですが、それ以前にいまは当社にAML関連のデータの蓄積が乏しいため、すぐに統計的な手法を使ってモデルを定義するのがむずかしい状況です。まずは、リスク評価書に記載されたリスク評価項目を、顧客属性、国・地域、商品・サービス、取引形態のグループごとに分類して、業務的な視点からリスク度合いをランクづけしてみましょう。各リスク評価項目のウェイトは、このランクに基づき定義するところから始めて、その後徐々にデータの分析に基づく観点を加えて高度化する、というのも１つの進め方だと思います。

Yさん：そうですね。まずはリスク評価をしっかり行った結果をもとに業務的な観点でモデルを定義しようと思います。

Xさん：顧客リスク格付モデルは、一度定義したら終わり、というわけではありません。定期的に有効性の検証を行う必要があります。今回定義したモデルの実績値については、データを蓄積し、管理レポートでも確

認できるようにしますので、1年程度運用したら精度の確認や問題点を整理し、モデルをチューニングしましょう。

～ 1年後 ～

Yさん：顧客リスク格付モデルの運用状況を管理レポートで毎月確認していますが、いろいろと課題がみえてきました。まず、PEPsについては当初マネロンリスクが高いと考えていましたが、この1年間の疑わしい取引の届出は、PEPsの顧客からは0件、PEPsではない顧客からは2,000件出ていました。データ上、PEPsは疑わしい取引の届出に寄与しておらず無効である、と判断されるので、PEPsのウェイトを下げるべきでしょうか？

Xさん：規制対応上の観点から厳格な顧客管理が求められているのであれば、疑わしい取引の届出が直近なかったからといって、安易にリスクが低いと考えるべきではありません。最終的に届出につながらなくても、取引内容を詳細に確認すること自体に意味があります。もともと当社にはPEPsとして管理されている顧客は5件しか存在しません。このように、マネロンリスクが高く、かつ希少な観点は、相対基準ではなく絶対基準の項目として扱うのがよいでしょう。

Yさん：なるほど。たしかにPEPsは他のリスク評価項目との兼ね合いを考慮することなく、一律ハイリスクとして管理しても問題はないと思います。

Xさん：はい。すべてをデータ分析に基づいて決めるのが最善というわけではなく、規制対応の観点から業務的な判断を優先させる場合もあります。

Yさん：バランスが重要なのですね。実はもう1つ課題があって、未成年者についてもマネロンリスクが高いと考えていたのですが、この1年間の疑わしい取引の届出は、未成年者の顧客からは20件、そうでない顧客からは1,980件出ていました。当社の顧客のうち、未成年者は1万人、そうでない顧客は50万人なので、それぞれの届出発生率は0.2%と0.396%、つまり、未成年者のマネロンリスクのほうが低い、との結果になったのです。

Xさん：データを分析してはじめてわかったことですね。未成年者であること自体がマネロンリスクである、とは言い切れないことがデータから示

第9章　AMLシステムの有効性検証　219

されたといえますね。未成年者のマネロンリスクについては、顧客リスク格付モデルからは除外し、「未成年者であるにもかかわらず多額の入出金が存在」といったように、取引モニタリングのシナリオとして反映するのが適切ではないでしょうか。

Yさん：たしかに未成年者は、取引内容と組み合わせてはじめて異常性がわかるので、取引モニタリングに反映するほうが理解しやすいですね。

Xさん：現状の顧客リスク格付モデルは、これらの変更や最新の疑わしい取引の届出状況を加味したウェイトの変更を行いましょう。また、リスク評価書も有効性検証の結果を反映して適宜更新するようにしましょう。

Yさん：有効性検証の作業を通じて、当社を取り巻くマネロンリスクに関して認識が深まり、適切な対応ができるようになるのですね。

第 **10** 章

AML管理態勢と
有効性検証

| 10-1 | 3つの防衛線の役割 |

組織の関係性と役割分担はどのようなものか

　本項は、あくまでも実効性あるAML態勢を実現するための組織の役割や相互関係を、内部統制の枠組みの1つである「3つの防衛線」をふまえて、整理したものである。各部門の責任や役割を明確にし、管理不在あるいは牽制不在とならないように留意し、継続的に実効性を維持・向上できるようにしたい。

　あくまでも目的は、全社的なPDCAサイクルを回していくことである。各部の役割を形式的に規定するのではなく、第1線から第3線までが互いにコミュニケーションをとり情報共有することで、相互に働きかけあい、改善を図っていくことが重要である。

(1) 第1線の役割

　第1線である営業部門は、取引の受付実行や顧客対応、顧客管理（取引時確認、CDDやEDD、謝絶対応を含む）などの業務執行を行うことから、リスクの遮断や情報取得の重要なポジションにある。

　顧客を知るという観点において、営業推進、信用リスク管理、マネー・ローンダリング防止の取組みは不可分であり、顧客管理は第1線である営業部門が主体的に行うものである。言い換えれば、第1線がリスクオーナーであり、もし「第1線（営業店等）は営業推進を担っており、リスク管理は第2線や本部が行う」と考えるのなら、それ自体がリスク管理の脆弱性を生むだろう。

　第1線のリスク認識が十分でない場合、怪しいと思ったのにそのまま受け

付ける、あるいはハイリスクな顧客であるにもかかわらず推進対象ではない
ことを理由に顧客を知ろうとしない姿勢(もしくは推進対象であるためリスク
を過小評価する姿勢)につながり、気づきえたはずの不自然さや情報を見過
ごし、リスクを増大させることになる。悪用しようとする者にとって、第1
線のリスク認識が相対的に弱い金融機関は、取引が成立しやすくねらいやす
い。実店舗をもたない金融機関でも、顧客受入判断や電話対応を担っている
部署が上記に該当し、その部署の顧客管理やリスク認識が重要となる。

　同じく第1線の商品・サービスの企画・管理部署においても、企画や事務
手続の策定段階において、十分にマネー・ローンダリング防止に係る制度
(法令や規制)をふまえ、リスク統制も含めた商品等の設計を行う必要があ
る。

参考 **マネー・ローンダリング及びテロ資金供与対策に関する
ガイドライン**

Ⅲ　管理態勢とその有効性の検証・見直し

Ⅲ－3　経営管理(三つの防衛線等)

(1)　第1の防衛線

【対応が求められる事項】

①　第1線に属する全ての職員が、自らの部門・職務において必要なマ
ネロン・テロ資金供与対策に係る方針・手続・計画等を十分理解し、
リスクに見合った低減措置を的確に実施すること

---

(2)　第2線の役割

　コンプライアンス部門やリスク管理部門(AML専門部署を含む)等の第2
線は、全社的なAMLプログラムの推進の要となる。具体的には、AMLに係
る全社的な方針(ポリシー)を定め、全社的なマネロンリスク評価・分析を
取りまとめ、経営レポートを行う等、AMLに係るガバナンスを統括し、関

第10章　AML管理態勢と有効性検証　223

係部署との連携、当局対応などを行う。

　関係部署との連携では、第１線の商品・サービスに係る統制策の検討における協議を行う。実務上は新商品等のリスクチェックを行い、手続の新設・改定時に協議部署等として確認や意見を行う。それらは「牽制」であるだけでなく、専門部署の知見に基づく「支援」としての側面を第１線に認識させることで前向きな議論につなげることができよう。

　さらに、一定のハイリスク先やハイリスク取引について、第１線からエスカレーションされた個別事案の判断（受入可否の判断や追加調査等の指示）を行う。日々の発生事案のつどの連携を通して、リアルタイムで自社のリスク状況や第１線の運用状況を把握することで、迅速な統制見直しや第１線への働きかけが可能となる。

　また、第１線のリスク低減の運用状況などについて、独立した立場でモニタリングを行う。モニタリング結果をふまえ、マネロンリスクを的確に理解し専門的知見のある第２線が研修を行うことも有効である。

　なお、AMLシステムやデータガバナンスに関係するIT部門や、採用・研修・人材配置を行う人事部門は、上記の役割をAML専門部署と協働して実現することから、第２線に含めて整理できる。

| 参考 | マネー・ローンダリング及びテロ資金供与対策に関するガイドライン |

Ⅲ　管理態勢とその有効性の検証・見直し

Ⅲ－3　経営管理（三つの防衛線等）

(2)　第2の防衛線

【対応が求められる事項】

①　第１線におけるマネロン・テロ資金供与対策に係る方針・手続・計画等の遵守状況の確認や、低減措置の有効性の検証等により、マネロン・テロ資金供与リスク管理態勢が有効に機能しているか、独立した立場から監視を行うこと

224

② 第1線に対し、マネロン・テロ資金供与に係る情報の提供や質疑への応答を行うほか、具体的な対応方針等について協議をするなど、十分な支援を行うこと

③ マネロン・テロ資金供与対策の主管部門にとどまらず、マネロン・テロ資金供与対策に関係する全ての管理部門とその責務を明らかにし、それぞれの部門の責務について認識を共有するとともに、主管部門と他の関係部門が協働する態勢を整備し、密接な情報共有・連携を図ること

④ 管理部門にマネロン・テロ資金供与対策に係る適切な知識及び専門性等を有する職員を配置すること

(3) 第3線の役割

第3線は、第1線や第2線とは独立した立場でAMLプログラム全体を俯瞰して、PDCAサイクルが機能しているか、あるいは各プログラム項目の有効性が維持されているか、などを監査する役割を担う。監査結果については経営陣に報告し、ポリシーや統制手続等の改善や、適正な資源配分につなげる。なお、独立性監査の方法として、外部コンサルティング会社等によるAML監査も選択肢となる（本書は監査プログラムの詳細は対象としないので、簡記するにとどめる）。

参考 マネー・ローンダリング及びテロ資金供与対策に関するガイドライン

Ⅲ 管理態勢とその有効性の検証・見直し

Ⅲ－3 経営管理（三つの防衛線等）

(3) 第3の防衛線

第3の防衛線（第3線）は、内部監査部門を指している。内部監査部門には、第1線と第2線が適切に機能をしているか、更なる高度化

の余地はないかなどについて、これらと独立した立場から、定期的に検証していくことが求められる。

　また、内部監査部門は、独立した立場から、全社的なマネロン・テロ資金供与対策に係る方針・手続・計画等の有効性についても定期的に検証し、必要に応じて、方針・手続・計画等の見直し、対策の高度化の必要性等を提言・指摘することが求められる。

10-2 職員の採用と研修

実効性あるリスク低減を実現するために必要な人材とは

　第1線から第3線までが、前項で述べたような役割を実行するには、適切な人員配置や育成が必要となる。採用方針においては、一般的に就業規則やコンプライアンスに係る確認や誓約書の受領を行うことがあるが、マネー・ローンダリング防止は全社員がかかわることから、全社的なAMLポリシーについても十分周知する必要があろう。

図表10-2-1　"らせん図"における顧客管理

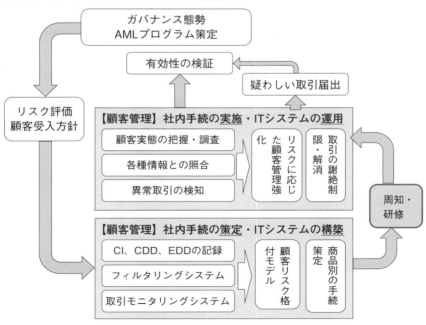

また、第2線や第3線は、マネー・ローンダリング防止態勢に係る企画立案、もしくは独立性監査を行うため、制度（国内外の法令や規制）やAMLシステムおよび事務統制など、多面的な知見や知識が求められることから、それらに対応可能な人材を配置する必要がある。

　AMLシステムの有効性検証については前章で述べたが、AMLプログラム全体の有効性を向上させるためには、担い手である職員の研修が重要となる。

(1)　研修の目的と内容

　第1線への研修について、目的に分けて例示する。

［リスク認識醸成を目的とした研修の例］

一般的なマネロン理解	・関連法令、当局ガイドライン、海外規制（経済制裁等） ・AML/CFTのリスク
自社のリスク	・自社のリスク評価 ・マネロン事例還元

［自社の統制ルールの理解と習得を目的とした研修の例］

社内のポリシー・手続	・自社のポリシー・顧客受入方針 ・顧客の確認手続 ・ハイリスク先への対応（EDD、エスカレーション）

　また、専門部署である第2線と、監査部門である第3線は、より全社的かつ専門的な知識・理解が求められる。

企画・監査に必要な知見 （第2線、第3線）	・内外の規制理解 ・AMLプログラムの全容 ・自社の事務システムの理解 ・IT関連（システム構築やデータベース、検知手法やデータ分析手法）の理解

(2) 研修の対象となる職員等

　研修の対象は、顧客接点のあるフロントの職員（営業店やセンター等、営業担当・事務担当双方を含む）や、各商品・サービスの企画や事務システムの構築を担う本部職員、監査部門、さらに経営陣まで、すべての役職員が対象となる。

　マネロンリスクは全役職員が理解すべきものであるが、実効性あるリスク低減を実現するためには、役職員各々が自分の職務に結びつけて、何を確認しどのようなリスクを考慮すべきかを理解することが重要であり、階層や役割に応じた研修が求められる。

(3) 研修方法

　研修は、各社の実情にあわせて計画されるものであるが、一般的には、以下のような実施方法がある。
・集合研修（社内外の講師による講習）
・オンライン研修（eラーニング等）、ビデオ研修
・通信教育や資格取得（注）を一定の職員に推奨・義務づける、等

(4) 研修計画・実施記録・見直し

　研修は、多様な内容について各階層に実施することから、研修担当部署や営業部門担当部署、商品・サービスの手続を所管する部署等が連携して、年間計画等を作成する。

　また、対外的には、組織としてしっかりポリシーや手続の徹底を図っていることについて説明責任が果たせるよう、実施内容や回数、受講者（階層や人数）等について、記録することも重要である。

　AML態勢整備は、対応すべきリスク状況が変化するため（金融犯罪の傾向や経済制裁の変化や、自社の商品や顧客層の変化など）、リスク低減策である顧客管理の手続等も、それに応じて変更していく。そのため、各階層や各部署

第10章　AML管理態勢と有効性検証　229

で実施する研修は、常に最新のものとなっているよう確認が必要である。

　また、研修の目的は、リスク認識や手続を周知・浸透することで、リスク低減を適切に実現することにある。よって、理解が浸透していない領域や、不備の多い手続については、研修方法を工夫し、繰り返し実施することも必要である。日常業務における行動において定着するまで、周知徹底を図っていきたい。

参考	マネー・ローンダリング及びテロ資金供与対策に関するガイドライン

Ⅲ　管理態勢とその有効性の検証・見直し

Ⅲ−5　職員の確保、育成等

　マネロン・テロ資金供与リスク管理態勢の実効性は、各営業店を含む様々な部門の職員がその役割に応じた専門性・適合性等を有し、経営陣が定めた方針・手続・計画等を的確に実行することで確保されるものである。

　金融機関等においては、こうした専門性・適合性等を有する職員を必要な役割に応じ確保・育成しながら、適切かつ継続的な研修等（関係する資格取得を含む。）を行うことにより、組織全体として、マネロン・テロ資金供与対策に係る理解を深め、専門性・適合性等を維持・向上させていくことが求められる。

【対応が求められる事項】

③　当該研修等の内容が、自らの直面するリスクに適合し、必要に応じ最新の法規制、内外の当局等の情報を踏まえたものであり、また、職員等への徹底の観点から改善の余地がないか分析・検討すること

④　研修等の効果について、研修等内容の遵守状況の検証や職員等に対するフォローアップ等の方法により、確認すること

⑤　全社的な疑わしい取引の届出状況や、管理部門に寄せられる質問内容・気づき等を営業部門に還元するほか、営業部門内においてもこう

した情報を各職員に的確に周知するなど、営業部門におけるリスク認
識を深めること

（注）　認定資格の例
○ACAMS® 公認AMLスペシャリスト資格
　　・Certified Anti-Money Laundering Specialist（CAMS）
　　・ACAMS Advanced AML Audit Certification（CAMS-Audit）
　　・ACAMS Advanced Financial Crimes Investigations Certification（CAMS-FCI）
○一般社団法人金融財政事情研究会認定資格
　　・AML/CFTスタンダード（金融業務能力検定の１つ）
　　・AML/CFTオフィサー（アンチマネロン・オフィサー）
　　・AML/CFTオーディター（アンチマネロン・オーディター）
　　（いずれも、2019年３月現在）

10-3 第1線・第2線・第3線における有効性の分析・検証

3つの防衛線における有効性検証の方法とは

本章では、検査手法や監査プログラムの手法は対象としていないが、AML/CFTのPDCAにおける実効性確保の観点から、有効性検証の方法について例を述べてみたい。

(1) 第1線の自己検証・検査の例

営業店やセンターその他、業務執行を行う部門が自己の執行状況について検査を行う。実際は、執行者とは別の者を指定し、全量またはサンプリングされたデータを使用して、社内規定の準拠性を中心とした検査を行う。

(2) 第2線による検証の観点

① 現場の顧客管理の運用状況のモニタリング

第1線の運用や自己検証の状況については、第2線が独立性をもってモニタリングし、リスクの分析や牽制を行う。第2線のAML専門部署は、施策立案の全体を統括する立場であり、事務システムによる統制の全体像や相互関係を把握しており、日頃から個別事案の協議等を通じて第1線とも密接に連携している。AML専門部署が積極的にリスク把握を行い対応策を助言することで、機動的な統制策の見直しにつながる。

たとえるなら、感染症対策においては、感染源や感染ルート等について仮説を立てつつ、感染の傾向（感染症の種類、地域、年齢等の属性、増減傾向等）を分析し、仮説の検証を行うだろう。一定の地域や属性において感染が拡大しているのであれば、新たな対策が必要かもしれない。AMLにおいても、

マネー・ローンダリングや金融犯罪の傾向について、リスク評価（ハイリスクとみなす顧客属性や取引傾向）をもって対策を行っているが、内外環境は変化するため、対策の有効性が維持されているか検証する必要がある。モニタリングと分析を行った結果、もしリスクが拡大しているようであれば新たな対策が求められる。

　現場の運用状況のモニタリングにおいては全店・全量を検証するのではなく、領域別・カテゴリー別に抽出されたサンプルに対するチェックを行い、リスクの全体像を推論する手法（ターゲットサーベイランス）を用いることも考えられる。その場合、顧客リスク格付をはじめとしたAMLシステムのデータベースが活用できるだろう。

| 事例 | ターゲットサーベイランスによる第2線のモニタリング |

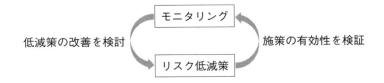

・全社的なリスク評価結果をふまえる……疑わしい取引届出の傾向の分析、あるいはリスクマップ（顧客のリスク特定別、地域・店舗別、チャネル別等）、顕在化した事例があればその事案の特徴やカテゴリー、母数としての全体計数（顧客属性や取引状況）を把握する。
・多面的なカテゴリーでサンプルを抽出する（顧客カテゴリー、取引種類、店質、等）。
・ハイリスクカテゴリーおよび仮説により、抽出対象の検証を行う。
　仮説の例：新たな戦略によるチャネル拡大で新たなリスクが発生していないか。
　　　　　　店舗運営が変わって、チェックにもれが発生していない

第10章　AML管理態勢と有効性検証

か。

新たな金融犯罪の手口が発生していないか。

届出が増加している国・地域、店舗について何か変化がないか。

・多面的なデータ分析と、現場へのヒアリング等に基づいて、仮説について検証し、新たな統制策が必要か検討する。

② **AMLシステムに係る検証（常に疑うこと）**

AMLシステムに係る有効性検証については、前章を参照されたい。

第2線のAML専門部署によりAMLシステムが構築・運用されている場合は、同部署がAMLシステムのデータ管理やモデル管理を行う。その際に、健全なる懐疑心、つまり「常に疑う姿勢」が重要である。AMLシステムを構築する際に、データ収集やデータ加工、モデルの策定、統計分析手法の決定等の各フェーズで、リスク認識を踏まえてなんらかの選択をしたはずである。システム稼働後は安定運用に関心が移りがちだが、データベース・モデル・分析手法がその時々の自社のマネロンリスクを最大限に把握するために最適なものとなっているかを「常に疑う」ことが、有効性を維持向上させるためには、欠かせない要素である。

(3) 第3線の独立性監査

監査対象はAMLプログラムの各項目（第1章参照）の統制状況（方針、手順、およびプロセスの妥当性や有効性、運用の準拠性）およびAMLプログラムそのもの（課題と施策）となる。問題や欠陥が判明した場合は、原因分析や関係部署への提言や勧告を実施し、監査結果を経営に報告する。

おわりに

　本書が発行される2019年はFATF対日相互審査が開始される年に当たる。FATF勧告は共通基準であり、相互審査に基づく各国に対する評価は芳しくなければ経済活動に影響する可能性があるため、しっかりと対応を行う必要があるが、FATF相互審査も、マネー・ローンダリングやテロ資金供与などを各国が協調して防止していくための1つの機能といえる。効果的な対策は一律ではない。審査対策にとどまらず、金融機関が各々の立場で考え、取り組み続けるべき課題である。

　金融サービスを提供する企業に対する社会的要請として、サービスの副作用ともいえる悪用による犯罪発生を抑止する努力が求められている。犯罪収益の収受や移転を予防し抑止するために、金融機関の果たす役割は大きい。自社の顧客を守り、自社の信頼を維持する観点でも、AML/CFTを経営リスクとして位置づけ、全社的に対応していきたい。

　昨今の新技術の開発により、金融犯罪もその対策も、かたちを変えていく。新しい価値移転や決済の手法や認証方法が生まれ、金融サービスが変われば、金融犯罪の手口も変化する。国境を越えた資金移動がスピードアップすれば、犯罪収益の捕捉もよりむずかしくなるかもしれない。対策においては、顧客データのリスク評価や不正取引の検知において、新技術の活用が考えられる。

　リスク状況の変化に対応して、金融犯罪の抑止と、お客さまの利便性、業務効率化を並立させるために、AML/CFT（金融犯罪対策）は、動的かつ継続的に進化していく必要がある。

　筆者がAML/CFT業務に携わるようになった2003年は、日本で「金融機関等による顧客等の本人確認等及び預金口座等の不正な利用の防止に関する法律」が施行された年であると同時に、いわゆる"振り込め詐欺"の被害が拡大しはじめた時期でもある。個人的な体験ではあるが、普通の生活をしてい

おわりに　235

る人が突然だまされて被害に遭う状況に接し、「金融機関としてできることはしよう」と強く思ったことがある。今後も、関係機関・関係者によるAML/CFTへの一層の取組みが、安心・安全に暮らせる世の中へ近づくための一助となるよう願っている。

　本書は、私がこれまで出会った方々からのご助言やご支援のすべてから成り立っている。末筆ながら、この場をお借りして尊敬と感謝の念をお伝えしたい。

　2019年5月

藤井　尚子

〈キーワード解説〉

　以下のキーワードについては、FATFや当局によっても定義が示されており、一義的にはそれらを参照されたい。下表は、本書の記述において適用している定義を示している。

	略　語	意　味	本書での記載箇所
リスク評価書	－	犯罪収益移転防止法で「特定事業者作成書面」として規定されているもの。自社のマネロンリスクについて分析し文書化する。作成には経営の関与が求められる。 (参考)【犯罪収益移転防止法施行規則第32条第1項第1号】 自らが行う取引（新たな技術を活用して行う取引その他新たな態様による取引を含む。）について調査し、及び分析し、並びに当該取引による犯罪による収益の移転の危険性の程度その他の当該調査及び分析の結果を記載し、又は記録した書面又は電磁的記録（以下この項において「特定事業者作成書面等」という。）を作成し、必要に応じて、見直しを行い、必要な変更を加えること。	2－1、 4－2、 6－4
犯罪収益移転危険度調査書	－	FATFは、各国に対し「自国における資金洗浄及びテロ資金供与のリスクを特定、評価すること」等を要請しており、日本においても、国家公安委員会が毎年作成、公表しているもの。 (参考)【犯罪収益移転防止法第3条第3項】国家公安委員会は、毎年、犯罪による収益の移転に係る手口その他	2－2、 6－5、 9－1

キーワード解説　237

		の犯罪による収益の移転の状況に関する調査及び分析を行った上で、特定事業者その他の事業者が行う取引の種別ごとに、当該取引による犯罪による収益の移転の危険性の程度その他の当該調査及び分析の結果を記載した犯罪収益移転危険度調査書を作成し、これを公表するものとする。	
自社開発（スクラッチ開発）	―	一連の機能がすでに準備されたパッケージ製品を使わずに、設計・プログラム開発をゼロから行ってシステムを構築すること。	3－2
チューニング	―	取引モニタリングで使用されるシナリオや、顧客格付モデルに含まれる各種パラメータを最適な値になるように変更を加えること。	3－2、3－4、5－4
Extract/Transform/Load	ETL	上流システムからデータを抽出し（Extract）、AMLシステムにフィットするように加工したうえで（Transform）、AMLシステムに読み込ませる（Load）一連のプロセスのこと。	3－5、3－6、9－2
パッケージ製品	―	AML業務に必要な基本機能が前もって準備されているソフトウェア製品。	3－6、8－1
カスタマー・アイデンティフィケーション	CI	本人特定。氏名・生年月日（設立年月日）・住所など、個人や法人を特定する基本的な情報を確認すること。	4－1
カスタマー・デュー・ディリジェンス	CDD	顧客情報の把握（CIの情報を含む）。職業・業種・取引目的・資産背景等、顧客の属性や特性に係る情報を把握すること。（金融庁のAML/CFTガイドラインにおいては、リスク低減措置までを含めた一連の流れを指す）	4－1、6－2、6－7
エンハンスト・	EDD	ハイリスクな先や不自然な取引等につ	4－1、

デュー・ディリジェンス		いて、追加的な確認や調査を行うこと。	6－2、6－7
ペップス	PEPs	重要な公的地位を有する者。過去にその地位にあった親族が該当する場合も、リスクがある。また実質的支配者が該当する法人も、ハイリスクとなる。	5－1、6－4、6－5
ウォッチリスト	－	主に反社会的勢力や経済制裁者、PEPsなど、検知すべきハイリスクな人物・組織に関する情報がまとめられたリストのこと。	5－2
データクレンジング	－	重複や誤記、表記の揺れ、登録方法の違いによるデータのばらつきなどがないかデータソースを調査し、データに不備が存在する場合はAMLシステムに取り込む際に、削除や修正、表記の統一などを行い、データの品質を高めること。	5－3
Periodic Review	－	定期的に各顧客の属性情報を最新化し、顧客のリスク格付を見直すこと。	6－7
Customer Relationship Management	CRM	顧客データに基づいた最適な商品・サービスの提案や、キャンペーンの適用を行うマーケティング手法。	6－7
決定木	－	閾値やコード値の違いによってターゲットを判別するためのモデルを構築する手法。AMLの分野では取引モニタリングシナリオの構築などに使用されることがある。	9－3
Business Intelligence	BI	業務の意思決定を支援するためのデータ探索やレポート作成を行うソフトウェアの総称。	8－2、9－3
ロジスティック回帰	－	0％～100％の範囲の確率を予測するためのモデルを構築する回帰分析の手法。AMLの分野では顧客リスク格付	9－4

キーワード解説　239

		モデルの構築などに使用されることがある。	
FinTech	－	Finance+Technologyを組み合わせた造語。先端の技術を使って新たな金融サービスを生み出す取組みを指す。	9－7
RegTech	－	Regulation+Technologyを組み合わせた造語。先端の技術を使って規制対応業務の高度化やコスト削減を実現する取組みを指す。	9－7

　次頁以降に、金融庁の「マネー・ローンダリング及びテロ資金供与対策に関するガイドライン」（平成31年4月10日）全文を掲載する。
https://www.fsa.go.jp/common/law/amlcft/amlcft_guidelines.pdf

〈巻末資料〉

マネー・ローンダリング及びテロ資金供与対策
に関するガイドライン

平成31年4月10日
金融庁

Ⅰ　基本的考え方

Ⅰ－1　マネー・ローンダリング及びテロ資金供与対策に係る基本的考え方

　我が国におけるマネー・ローンダリング及びテロ資金供与（以下「マネロン・テロ資金供与」という。）対策については、犯罪による収益の移転防止に関する法律（以下「犯収法」という。）、外国為替及び外国貿易法（以下「外為法」という。）等の関係法令において、取引時確認等の基本的な事項が規定されている。

　銀行法、保険業法、金融商品取引法等の免許や登録等を受けて業務を行う金融機関等は、犯収法上の「特定事業者」に該当するほか、外為法上の「銀行等」「金融機関等」として同法上の規制に服するものであり、これらの法令の規定をその適用関係に応じ遵守する必要があることは当然である。

　金融システムは、各金融機関等が行う送金・決済・振替等の様々な機能が集積して資金の流れを形成し、ネットワークを構築しているものであり、金融システム全体の健全性を維持するためには、金融システムの参加者たる個々の金融機関等において、その業務や金融システムにおける役割に応じ、堅牢な管理態勢を構築・維持することが不可欠である。

　また、各金融機関等が講ずべきマネロン・テロ資金供与対策は、時々変化する国際情勢や、これに呼応して進化する他の金融機関等の対応に強く影響を受けるものであり、金融機関等においては、こうした動向やリスクの変化等に機動的に対応し、マネロン・テロ資金供与リスク管理態勢を有効性のある形で維持していく必要がある。

　こうした機動的かつ実効的な対応を実施していくため、金融機関等においては、前記動向の変化等も踏まえながら自らが直面しているリスク（顧客の業務に関するリスクを含む。）を適時・適切に特定・評価し、リスクに見合った低減措置を講ずること（いわゆる「リスクベース・アプローチ」）が不可欠である。

　リスクベース・アプローチによるマネロン・テロ資金供与リスク管理態勢の構築・維持は、国際的にみても、金融活動作業部会（Financial Action Task Force、以下「FATF」という。）の勧告等の中心的な項目であるほか、主要先進国でも定着しており、前記の機動的かつ実効的な対応の必要性も踏まえれば、我が国金融システムに参加する金融機関等にとっては、当然に実施していくべき事項（ミニマム・スタンダード）である。

　特に、国際社会がテロ等の脅威に直面する中で、マネロン・テロ資金供与対策の不備等を契機として、外国当局より巨額の制裁金を課される事例や、取引相手である海外の金融機関等からコルレス契約の解消を求められる事例が生じるなど、マネロン・テロ資金供与対策に対する目線が急速に厳しさを増していることには、留意が必要である。

　こうした要請に我が国金融システム全体として的確に応えていくことはもとより当然であるが、特に、海外送金等の業務を行う金融機関等においては、日本国内のマネロン・テロ資金供与の動向のみならず、外国当局による監督も含め国際的なマネロン・テロ資金供与対策の動向を十分に踏まえた対応が求められる。

　なお、テロ資金供与対策については、テロの脅威が国境を越えて広がっていることを踏まえ、金融機関等においては、テロリストへの資金供与に自らが提供する商品・サービスが利用され得るという認識

巻末資料　241

の下、実効的な管理態勢を構築しなければならない。例えば、非営利団体との取引に際しては、全ての非営利団体が本質的にリスクが高いものではないことを前提としつつ、その活動の性質や範囲等によってはテロ資金供与に利用されるリスクがあることを踏まえ、国によるリスク評価の結果（犯収法に定める「犯罪収益移転危険度調査書」）やFATFの指摘等を踏まえた対策を検討し、リスク低減措置を講ずることが重要である。

このほか、大量破壊兵器の拡散に対する資金供与の防止のための対応も含め、外為法や国際連合安全保障理事会決議第千二百六十七号等を踏まえ我が国が実施する国際テロリストの財産の凍結等に関する特別措置法（国際テロリスト財産凍結法）をはじめとする国内外の法規制等も踏まえた態勢の構築が必要である。

金融機関等においては、こうしたマネロン・テロ資金供与対策が、実際の顧客との接点である営業部門において有効に機能するよう、経営陣の主体的な関与も含めた地域・部門横断的なガバナンスにより、継続的に取組みを進める必要がある。

また、経営戦略の中で、将来にわたりその業務がマネー・ローンダリングやテロ資金供与に利用されることのないようフォワード・ルッキングに管理態勢の強化等を図るとともに、その方針・手続・計画や進捗状況等に関し、データ等を交えながら、顧客・当局等を含む幅広いステークホルダーに対し、説明責任を果たしていくことが求められる。

金融庁としては、各金融機関等の取組みをモニタリングし、その結果得られた情報を金融機関等と共有しつつ、管理態勢の強化を促し、必要に応じて、監督上の措置を講ずることを検討していく。

本ガイドラインは、こうしたモニタリングに当たって、金融当局として、各金融機関等において「対応が求められる事項」「対応が期待される事項」を明確化するとともに、今後の当局としてのモニタリングのあり方等を示すものである。

さらに、金融機関等におけるフォワード・ルッキングな対応を促す観点から、過去のモニタリングや海外の金融機関等において確認された優良事例を、他の金融機関等がベスト・プラクティスを目指すに当たって参考となる「先進的な取組み事例」として掲げている。

そのほか、日々変化するマネロン・テロ資金供与の動向を踏まえ、特に、規模が小さい又は取引範囲が限定的な金融機関等における態勢構築に資するよう、業界団体や中央機関等の役割や、当局との連携のあり方についても記載している。

Ⅰ－2　金融機関等に求められる取組み

⑴　マネロン・テロ資金供与リスク管理態勢

金融機関等においては、その取り扱う商品・サービス、取引形態、国・地域、顧客の属性等を全社的に把握してマネロン・テロ資金供与リスクを特定・評価しつつ、自らを取り巻く事業環境・経営戦略、リスクの許容度も踏まえた上で、当該リスクに見合った低減措置を講ずることが求められる。

また、時々変化する国際情勢や、これに呼応して進化する他の金融機関等の対応等を踏まえて機動的にリスクに見合った措置を講ずるには、個別の問題事象への対応のみにとどまらず、フォワード・ルッキングに、態勢面の見直しの必要性も含めて幅広い検証を行い、経営陣の関与・理解の下、組織全体として実効的な管理態勢の構築を行うことも重要である。

こうした観点から、金融庁においても本ガイドラインについて絶えず見直しを図っていく予定であるが、金融機関等においても、管理態勢の構築・維持に当たって、関係法令や本ガイドライン等を遵守することのみを重視し、管理部門を中心として法令違反等の有無のみを形式的にチェックすることとならないよう留意し、関係法令や本ガイドライン等の趣旨を踏まえた実質的な対応を行うことが求められる。

なお、マネー・ローンダリングとテロ資金供与には、取引の目的、規模・金額、注意を要する国・地域が異なる場合があるなどの違いがあるが、金融システムの健全性を維持するために必要な基本的方策のあり方に変わりはなく、本ガイドラインにおいては、マネー・ローンダリング対策、テロ資金供与対策の双方を併せ記述している。

⑵　経営陣の関与・理解

前記の管理態勢の構築に当たっては、マネロン・テロ資金供与リスクが経営上重大なリスクになり得るとの理解の下、関連部門等に対応を委ねるのではなく、経営陣が主体的かつ積極的にマネ

ロン・テロ資金供与対策に関与することが不可欠である。

例えば、フォワード・ルッキングなギャップ分析の実施、関連部門が複数に跨る組織横断的な対応、専門性や経験を踏まえた経営レベルでの戦略的な人材確保・教育・資源配分等が必要となることが考えられる。また、マネロン・テロ資金供与対策に関する取組みを全役職員に浸透させるには、業績評価においてマネロン・テロ資金供与対策を勘案するなど、マネロン・テロ資金供与対策に関する経営陣の積極的な姿勢やメッセージを示すことも重要である。

さらには、経営陣がマネロン・テロ資金供与リスクを適切に理解した上でマネロン・テロ資金供与対策に関する意識を高め、トップダウンによって組織横断的に対応の高度化を推進していくことも重要である。また、前記 I－1 で述べた管理態勢の強化や方針等に関する説明責任も、一義的には経営陣がその責務を担っている。

I－3　業界団体や中央機関等の役割

リスクベース・アプローチに関する先進的な取組みや国際的なマネロン・テロ資金供与対策の動向の把握等について、各金融機関等による個別の情報収集のみでは限界がある場合もある。マネロン・テロ資金供与の手法や態様は常に変化しており、特に、規模が小さい又は取引範囲が限定的な金融機関等においては、十分な情報や対応のノウハウの蓄積が困難なことも考えられる。

我が国金融システム全体の底上げの観点からは、業界団体や中央機関等が、当局とも連携しながら、金融機関等にとって参考とすべき情報や対応事例の共有、態勢構築に関する支援等を行うほか、必要かつ適切な場合には、マネロン・テロ資金供与対策に係るシステムの共同運用の促進、利用者の幅広い理解の促進等も含め、傘下金融機関等による対応の向上に中心的・指導的な役割を果たすことが重要である。

なお、取次・代理等の方法により、中央機関が傘下金融機関等の顧客に係る取引を担っている場合や、業務委託等の方法により、国際的な業務を行っている金融機関等が委託元金融機関等の顧客に係る海外送金等を取り扱っている場合等には、これらの中央機関や金融機関等も必要かつ十分な管理態勢を構築し、リスクベース・アプローチに基づくマネロ

ン・テロ資金供与対策を講ずることが求められる。

I－4　本ガイドラインの位置付けと監督上の対応

我が国の金融システムがマネロン・テロ資金供与に利用されず健全にその機能を維持していくことは、極めて重要な課題であり、金融当局としては、本ガイドラインを踏まえたマネロン・テロ資金供与対策への対応状況等について、適切にモニタリングを行っていく。

こうしたモニタリング等を通じて、本ガイドラインにおける「対応が求められる事項」に係る措置が不十分であるなど、マネロン・テロ資金供与リスク管理態勢に問題があると認められる場合には、業態ごとに定められている監督指針等も踏まえながら、必要に応じ、報告徴求・業務改善命令等の法令に基づく行政対応を行い、金融機関等の管理態勢の改善を図る。

また、「対応が求められる事項」に係る態勢整備を前提に、特定の場面や、一定の規模・業容等を擁する金融機関等の対応について、より堅牢なマネロン・テロ資金供与リスク管理態勢の構築の観点から対応することが望ましいと考えられる事項を「対応が期待される事項」として記載している。

なお、平成28年10月に施行された改正犯収法においては、国や特定事業者によるリスク評価が導入されているところ、本ガイドラインにおいては、これらも包含しながら、金融機関等におけるリスクベース・アプローチに基づくマネロン・テロ資金供与リスクの特定・評価・低減に係る措置及びその実効性を確保するために「対応が求められる事項」「対応が期待される事項」等を記載している。本ガイドラインで言及していない部分であっても、業態ごとの監督指針等や、特定事業者全般に係る「犯罪収益移転防止法に関する留意事項について」「疑わしい取引の参考事例」等に留意する必要があることはいうまでもない。

また、リスクベース・アプローチをはじめとする実効的なマネロン・テロ資金供与対策は、金融機関等に求められる国際的要請である。こうした観点から、FATFやバーゼル銀行監督委員会（Basel Committee on Banking Supervision、以下「BCBS」という。）等の国際機関等が発出する文書等にも十分留意する必要がある。

巻末資料　243

本ガイドラインは、犯収法第2条第2項に規定する特定事業者のうち、金融庁所管の事業者（同項第46号に掲げる者を除き、本ガイドラインにおいて「金融機関等」という。）を対象とする。

Ⅱ　リスクベース・アプローチ

Ⅱ－1　リスクベース・アプローチの意義

マネロン・テロ資金供与対策におけるリスクベース・アプローチとは、金融機関等が、自らのマネロン・テロ資金供与リスクを特定・評価し、これを実効的に低減するため、当該リスクに見合った対策を講ずることをいう。

マネロン・テロ資金供与の手法や態様は、その背景となる犯罪等の動向のほか、広く産業や雇用の環境、人口動態、法制度や、IT技術の発達に伴う取引形態の拡大、経済・金融サービス等のグローバル化の進展等、様々な経済・社会環境の中で常に変化している。
手法や態様の変化に応じ、マネロン・テロ資金供与対策は、不断に高度化を図っていく必要がある。近年では、情報伝達の容易性や即時性の高まり等により、高度化に後れをとる金融機関等が瞬時に標的とされてマネロン・テロ資金供与に利用されるリスクも高まっている。

金融機関等においては、マネロン・テロ資金供与リスクを自ら適切に特定・評価し、これに見合った態勢の構築・整備等を優先順位付けしつつ機動的に行っていくため、リスクベース・アプローチによる実効的な対応が求められる。

国際的にみても、リスクベース・アプローチの実施は、FATF勧告において第1の勧告として勧告全体を貫く基本原則となっているなど、標準的なアプローチとなっている。（注）

（注）　同勧告において、国は「自国におけるマネロン・テロ資金供与のリスクを特定及び評価」し、金融機関等は「自らが取り扱う商品・サービス等のマネロン・テロ資金供与のリスクを特定・評価するための適切な手段を講ずる」こととするなど、国・金融機関等のそれぞれについて、リスクベース・アプローチの実施を求めている。

犯収法におけるリスクベース・アプローチに係る規定の導入

平成28年10月に施行された改正犯収法においては、前記FATF勧告等の国際的なリスクベース・アプローチの要請も踏まえた規定の整備が行われており、主なものは以下のとおり。

- 特定事業者による疑わしい取引の届出の要否の判断は、当該取引に係る取引時確認の結果、当該取引の態様その他の事情のほか、犯罪収益移転危険度調査書の内容を勘案して行わなければならない（犯収法第8条第2項）。
- 犯罪収益移転危険度調査書の内容を勘案して犯罪による収益の移転の危険性の程度が高いと認められる取引については、疑わしい取引の届出の要否の判断に際して統括管理者による確認等の厳格な手続を行わなければならない（犯収法第8条第2項、同法施行規則第27条第3号）。
- 特定事業者は、犯罪収益移転危険度調査書の内容を勘案し、以下の措置を講ずるように努めなければならない（犯収法第11条第4号、同法施行規則第32条第1項）。
  - ・自らが行う取引について調査・分析した上で、その結果を記載した書面等を作成し、必要に応じて見直し、必要な変更を行うこと
  - ・特定事業者作成書面等の内容を勘案し、必要な情報を収集・分析すること、並びに保存している確認記録及び取引記録等を継続的に精査すること
  - ・高リスク取引（注）を行う際には、統括管理者が承認を行い、また、情報の収集・分析を行った結果を記載した書面等を作成し、確認記録又は取引記録等と共に保存すること
  - ・必要な能力を有する従業員を採用するために必要な措置を講ずること
  - ・必要な監査を実施すること

（注）　犯収法第4条第2項前段に規定する厳格な顧客管理を行う必要性が特に高いと認められる取引若しくは同法施行規則第5条に規定する顧客

管理を行う上で特別の注意を要する取引又はこれら以外の取引で犯罪収益移転危険度調査書の内容を勘案して犯罪による収益の移転の危険性の程度が高いと認められる取引。

Ⅱ－2　リスクの特定・評価・低減

リスクベース・アプローチにおいては、マネロン・テロ資金供与リスクへの対応を、リスクの特定・評価・低減等の段階に便宜的に区分するなど、順を追って検討していくことが重要である。

(1) リスクの特定

リスクの特定は、自らが提供している商品・サービスや、取引形態、取引に係る国・地域、顧客の属性等のリスクを包括的かつ具体的に検証し、直面するマネロン・テロ資金供与リスクを特定するものであり、リスクベース・アプローチの出発点である。

包括的かつ具体的な検証に当たっては、社内の情報を一元的に集約し、全社的な視点で分析を行うことが必要となることから、マネロン・テロ資金供与対策に係る主管部門に対応を一任するのではなく、経営陣の主体的かつ積極的な関与の下、関係する全ての部門が連携・協働して、対応を進めることが必要である。

なお、検証に際しては、国によるリスク評価の結果を踏まえる必要があるほか、外国当局や業界団体等が行う分析等についても適切に勘案することで、各業態が共通で参照すべき分析と、各業態それぞれの特徴に応じた業態別の分析の双方を十分に踏まえることが重要である。

さらに、こうした分析等は、複数の金融機関等に共通して当てはまる事項を記載したものであることが一般的であり、金融機関等においては、これらを参照するにとどまらず、自らの業務の特性とそれに伴うリスクを包括的かつ具体的に想定して、直面するリスクを特定しておく必要がある。

【対応が求められる事項】

① 国によるリスク評価の結果等を勘案しながら、自らが提供している商品・サービスや、取引形態、取引に係る国・地域、顧客の属性等のリスクを包括的かつ具体的に検証し、自らが直面するマネロン・テロ資金供与リスクを特定すること

② 包括的かつ具体的な検証に当たっては、国

によるリスク評価の結果等を勘案しつつも、自らの営業地域の地理的特性や、事業環境・経営戦略のあり方等、自らの個別具体的な特性を考慮すること

③ 取引に係る国・地域について検証を行うに当たっては、FATFや内外の当局等から指摘を受けている国・地域も含め、包括的に、直接・間接の取引可能性を検証し、リスクを把握すること

④ 新たな商品・サービスを取り扱う場合や、新たな技術を活用して行う取引その他の新たな態様による取引を行う場合には、当該商品・サービス等の提供前に分析を行い、マネロン・テロ資金供与リスクを検証すること

⑤ マネロン・テロ資金供与リスクについて、経営陣の主体的かつ積極的な関与の下、関係する全ての部門が連携・協働し、リスクの包括的かつ具体的な検証を行うこと

【対応が期待される事項】

a. 自らの事業環境・経営戦略等の複雑性も踏まえて、商品・サービス、取引形態、国・地域、顧客の属性等に関し、リスクの把握の鍵となる主要な指標を特定し、当該指標についての定量的な分析を行うことで、自らにとって重要なリスクの高低及びその変化を適時・適切に把握すること

b. 一定量の疑わしい取引の届出がある場合に、単に届出等を行うにとどまらず、届出件数及び金額等の比較可能な定量情報を分析し、部門・拠点間等の比較等を行って、自らのリスクの検証の実効性を向上させること

(2) リスクの評価

リスクの評価は、前記(1)において特定されたマネロン・テロ資金供与リスクの自らへの影響度等を評価し、低減措置等の具体的な対応を基礎付け、リスクベース・アプローチの土台となるものであり、自らの事業環境・経営戦略の特徴を反映したものである必要がある。

また、リスクの評価は、リスク低減措置の具体的内容と資源配分の見直し等の検証に直結するものであることから、経営陣の関与の下で、全社的に実施することが必要である。

巻末資料　245

【対応が求められる事項】
① 前記「(1)リスクの特定」における【対応が求められる事項】と同様
② リスク評価の全社的方針や具体的手法を確立し、当該方針や手法に則って、具体的かつ客観的な根拠に基づき評価を実施すること
③ リスク評価の結果を文書化し、これを踏まえてリスク低減に必要な措置等を検討すること
④ 定期的にリスク評価を見直すほか、マネロン・テロ資金供与対策に重大な影響を及ぼし得る新たな事象の発生等に際し、必要に応じ、リスク評価を見直すこと
⑤ リスク評価の過程に経営陣が関与し、リスク評価の結果を経営陣が承認すること

【対応が期待される事項】
a．前記「(1)リスクの特定」における【対応が期待される事項】と同様
b．自らが提供している商品・サービスや、取引形態、取引に係る国・地域、顧客属性等が多岐にわたる場合に、これらに係るリスクを細分化し、当該細分類ごとにリスク評価を行うとともに、これらを組み合わせて再評価を行うなどして、全社的リスク評価の結果を「見える化」し（リスク・マップ）、これを機動的に見直すこと

【先進的な取組み事例】
リスクの特定・評価について、以下のように、管理部門において、粒度の細かい定量情報を用いてリスク評価を行いつつ、営業部門の意見等の定性情報も適切に組み合わせて、管理部門・営業部門等を通じ全社的に一貫したリスク評価を実施している事例。
具体的には、管理部門において、疑わしい取引の届出件数等の定量情報について、総数のほか、店舗・届出要因・検知シナリオ別等のより粒度の細かい指標を収集し、こうした指標の大きさや変化を、商品・サービス、取引形態、国・地域、顧客属性等別のリスクの高低に反映させ、第一次的なリスク評価を実施している。
こうした定量情報を用いた第一次的リスク評価を前提としながら、営業部門等における日々の業務執行を踏まえた取引類型や顧客類型別等の定性的リスク評価を、全営業部門等から質問

状等で確認・集約し、当該定性情報を用いて、前記の第一次的リスク評価を修正し、最終的なリスク評価を確定している。

(3) リスクの低減

(i) リスク低減措置の意義

自らが直面するマネロン・テロ資金供与リスクを低減させるための措置は、リスクベース・アプローチに基づくマネロン・テロ資金供与リスク管理態勢の実効性を決定付けるものである。

リスクベース・アプローチにおいては、前記(1)、(2)で特定・評価されたリスクを前提としながら、実際の顧客の属性・取引の内容等を調査し、調査の結果をリスク評価の結果と照らして、講ずべき低減措置を判断した上で、当該措置を実施することとなる。(注)

(注) リスク低減措置のうち、特に個々の顧客に着目し、自らが特定・評価したリスクを前提として、個々の顧客の情報や当該顧客が行う取引の内容等を調査し、調査の結果をリスク評価の結果と照らして、講ずべき低減措置を判断・実施する一連の流れを、本ガイドラインにおいては、「顧客管理」（カスタマー・デュー・ディリジェンス：CDD）と呼ぶ。
個々の顧客に着目した手法のほかにも、取引状況の分析・異常取引の検知等の個々の取引に着目した手法があり、これらを組み合わせて実施していくことが有効である。

リスク低減措置は、個々の顧客やその行う取引のリスクの大きさに応じて実施すべきものであり、自らが定めるところに従って、マネロン・テロ資金供与リスクが高い場合には、より厳格な措置を講ずることが求められる一方、リスクが低いと判断した場合には、より簡素な措置を行うことが許容される。

いずれにせよ、リスク低減措置の具体的内容は、自らが直面するリスクに応じて、各金融機関等において顧客や取引ごとに個別具体的に検討・実施されるべきものであり、金融機関等においては、本ガイドラインに記載さ

246

れた事項のほか、業界団体等を通じて共有される事例や内外の当局等からの情報等も参照しつつ、自らのリスクに見合った低減措置を工夫していくことが求められる。

【対応が求められる事項】
① 自らが特定・評価したリスクを前提に、個々の顧客・取引の内容等を調査し、この結果を当該リスクの評価結果と照らして、講ずべき実効的な低減措置を判断・実施すること
② 個々の顧客やその行う取引のリスクの大きさに応じて、自らの方針・手続・計画等に従い、マネロン・テロ資金供与リスクが高い場合にはより厳格な低減措置を講ずること
③ 本ガイドライン記載事項のほか、業界団体等を通じて共有される事例や内外の当局等からの情報等を参照しつつ、自らの直面するリスクに見合った低減措置を講ずること

(ⅱ) 顧客管理（カスタマー・デュー・ディリジェンス：CDD）

前記のとおり、リスク低減措置のうち、特に個々の顧客に着目し、自らが特定・評価したリスクを前提として、個々の顧客の情報や当該顧客が行う取引の内容等を調査し、調査の結果をリスク評価の結果と照らして、講ずべき低減措置を判断・実施する一連の流れを、本ガイドラインにおいては、「顧客管理」（カスタマー・デュー・ディリジェンス：CDD）と呼んでおり、これはリスク低減措置の中核的な項目である。

金融機関等が顧客と取引を行うに当たっては、当該顧客がどのような人物・団体で、団体の実質的支配者は誰か、どのような取引目的を有しているか、資金の流れはどうなっているかなど、顧客に係る基本的な情報を適切に調査し、講ずべき低減措置を判断・実施することが必要不可欠である。

顧客管理の一連の流れは、取引関係の開始時、継続時、終了時の各段階に便宜的に区分することができるが、それぞれの段階において、個々の顧客やその行う取引のリスクの大きさに応じて調査し、講ずべき低減措置を的確に判断・実施する必要がある。

金融機関等においては、これらの過程で確認した情報を総合的に考慮し、全ての顧客についてリスク評価を実施するとともに、自らが、マネロン・テロ資金供与リスクが高いと判断した顧客については、いわゆる外国PEPs（Politically Exposed Persons）（注1）や特定国等（注2）に係る取引を行う顧客も含め、より厳格な顧客管理（Enhanced Due Diligence：EDD）を行うことが求められる一方、リスクが低いと判断した場合には、簡素な顧客管理（Simplified Due Diligence：SDD）を行うなど、円滑な取引の実行に配慮することが求められる。

（注1） 犯収法施行令第12条第3項各号及び同法施行規則第15条各号に掲げる外国の元首、外国政府等において重要な地位を占める者等をいう。
（注2） 犯収法施行令第12条第2項各号に掲げる国又は地域をいう。

【対応が求められる事項】
① 自らが行ったリスクの特定・評価に基づいて、リスクが高いと思われる顧客・取引とそれへの対応を類型的・具体的に判断することができるよう、顧客の受入れに関する方針を定めること
② 前記①の顧客の受入れに関する方針の策定に当たっては、顧客及びその実質的支配者の職業・事業内容のほか、例えば、経歴、資産・収入の状況や資金源、居住国等、顧客が利用する商品・サービス、取引形態等、顧客に関する様々な情報を勘案すること
③ 顧客及びその実質的支配者の本人特定事項を含む本人確認事項、取引目的等の調査に当たっては、信頼に足る証跡を求めてこれを行うこと
④ 顧客及びその実質的支配者の氏名と関係当局による制裁リスト等とを照合するなど、国内外の制裁に係る法規制等の遵守その他必要な措置を講ずること
⑤ 信頼性の高いデータベースやシステムを導入するなど、金融機関等の規模や特性等に応じた合理的な方法により、リスクが高い顧客を的確に検知する枠組みを構築すること
⑥ 商品・サービス、取引形態、国・地域、顧客属性等に対する自らのマネロン・テロ資金供与リスクの評価の結果を総合し、利用する

巻末資料　247

商品・サービスや顧客属性等が共通する顧客類型ごとにリスク評価を行うこと等により、全ての顧客についてリスク評価を行うとともに、講ずべき低減措置を顧客のリスク評価に応じて判断すること

⑦ マネロン・テロ資金供与リスクが高いと判断した顧客については、以下を含むより厳格な顧客管理（EDD）を実施すること

イ．資産・収入の状況、取引の目的、職業・地位、資金源等について、リスクに応じ追加的な情報を入手すること

ロ．当該顧客との取引の実施等につき、上級管理職の承認を得ること

ハ．リスクに応じて、当該顧客が行う取引に係る敷居値の厳格化等の取引モニタリングの強化や、定期的な顧客情報の調査頻度の増加等を図ること

ニ．当該顧客と属性等が類似する他の顧客につき、リスク評価の厳格化等が必要でないか検討すること

⑧ マネロン・テロ資金供与リスクが低いと判断した顧客については、当該顧客の特性を踏まえながら、当該顧客が行う取引のモニタリングに係る敷居値を緩和するなどの簡素な顧客管理（SDD）を行うなど、円滑な取引の実行に配慮すること（注１）（注２）

（注１） この場合にあっても、金融機関等が我が国及び当該取引に適用される国・地域の法規制等を遵守することは、もとより当然である。

（注２） FATF、BCBS等においては、少額・日常的な個人取引を、厳格な顧客管理を要しない取引の一例として挙げている。

⑨ 後記「(ⅴ)疑わしい取引の届出」における【対応が求められる事項】のほか、以下を含む、継続的な顧客管理を実施すること

イ．取引類型や顧客類型等に着目し、これらに係る自らのリスク評価や取引モニタリングの結果も踏まえながら、調査の対象及び頻度を含む継続的な顧客管理の方針を決定し、実施すること

ロ．各顧客に実施されている調査の範囲・手法等が、当該顧客の取引実態や取引モニタリングの結果等に照らして適切か、継続的に検討すること

ハ．調査の過程での照会や調査結果を適切に管理し、関係する役職員と共有すること

ニ．各顧客のリスクが高まったと想定される

具体的な事象が発生した場合のほか、定期的に顧客情報の確認を実施するとともに、例えば高リスクと判断した顧客については調査頻度を高める一方、低リスクと判断した顧客については調査頻度を低くするなど、確認の頻度を顧客のリスクに応じて異にすること

ホ．継続的な顧客管理により確認した顧客情報等を踏まえ、顧客のリスク評価を見直すこと

⑩ 必要とされる情報の提供を利用者から受けられないなど、自らが定める適切な顧客管理を実施できないと判断した顧客・取引等については、取引の謝絶を行うこと等を含め、リスク遮断を図ることを検討すること

その際、マネロン・テロ資金供与対策の名目で合理的な理由なく謝絶等を行わないこと

【対応が期待される事項】

a．商品・サービス、取引形態、国・地域、顧客属性等に対する自らのマネロン・テロ資金供与リスクの評価の結果を総合し、顧客ごとに、リスクの高低を客観的に示す指標（顧客リスク格付）を導入し、これを随時見直していくこと

b．顧客の営業実態、所在等が取引の態様等に照らして不明瞭であるなどのリスクが高い取引等について、必要に応じ、取引開始前又は多額の取引等に際し、例えば、顧客やその実質的支配者との直接の面談、営業拠点がない場合における実地調査等、追加的な措置を講ずること

【先進的な取組み事例】

継続的な顧客管理について、以下のように、自らのリスク評価結果に基づいて個別顧客のリスクを定量的・類型的に捉えてリスク格付を付与し、特にリスクの高い顧客については定期的な接触の頻度を高めるなど、リスクの高低に応じ適切な継続的顧客管理を行っている事例。

具体的には、顧客リスク格付に関し、商品・サービス、取引形態、国・地域、顧客属性等についてのリスク評価の結果を総合・定量化してモデル化し、当該モデルを自社システムに組み込んで、顧客受入れ時や顧客情報変更の都度、機動的にリスク格付を付与することとしてい

248

る。
　その上で、リスクが高い顧客に対しては、取引モニタリングシステムによる異常取引検知の敷居値を下げる、外部データ等を活用し、不芳情報の確認の頻度を増加させるなど、実態に応じたリスクの低減に努めている。加えて、定期的に質問状を発送する、場合によっては往訪・面談を行うなどにより、当初の取引目的と現在の取引実態との齟齬等を確認している。

【先進的な取組み事例】
　顧客のリスク格付について、それを算定するモデルやシステムが全社的なリスクの特定・評価の結果を適切に反映しているか、リスク格付の判定結果が個々の顧客のリスクを適切に示しているか、リスク格付に対応する低減措置がリスクに見合った適切なものであるかなどの視点から、ITとマネロン・テロ資金供与対策の双方の知見を有する管理部門内の専門チームが定期的に検証するなどにより、顧客リスク格付を通じた顧客管理の実効性を高めている事例。

【先進的な取組み事例】
　外国PEPsについて、外国PEPsに該当する旨やその地位・職務、離職後の経過期間、取引目的等について照会し、その結果や居住地域等を踏まえて、一般の顧客リスク格付を更に細分化した外国PEPsリスク格付を導入・付与し、当該格付に応じて各顧客の調査範囲や頻度等を調整するなど、外国PEPsに対し、マネロン・テロ資金供与リスクの程度に応じて、よりきめ細かい継続的顧客管理を実施している事例。

(iii)　取引モニタリング・フィルタリング

　　リスク低減措置の実効性を確保する手段としては、個々の顧客に着目する顧客管理のほかにも、取引そのものに着目し、金融機関等における取引状況の分析、異常取引や制裁対象取引の検知等を通じてリスクを低減させる手法があり、金融機関等においては、これらを組み合わせて実施し、リスク低減措置の実効性を高めていくことが有効である。

【対応が求められる事項】
①　取引類型に係る自らのリスク評価も踏まえながら、個々の取引について、異常取引や制裁対象取引を検知するために適切な取引モニタリング・フィルタリングを実施すること

(iv)　記録の保存

　　金融機関等が保存する確認記録や取引記録は、自らの顧客管理の状況や結果等を示すものであるほか、当局への必要なデータの提出や、疑わしい取引の届出の要否の判断等にも必須の情報である。

【対応が求められる事項】
①　本人確認資料等の証跡のほか、顧客との取引・照会等の記録等、適切なマネロン・テロ資金供与対策の実施に必要な記録を保存すること

(v)　疑わしい取引の届出

　　疑わしい取引の届出は、犯収法に定める法律上の義務であり、同法の「特定事業者」に該当する金融機関等が、同法に則って、届出等の義務を果たすことは当然である。
　　また、金融機関等にとっても、疑わしい取引の届出の状況等を他の指標等と併せて分析すること等により、自らのマネロン・テロ資金供与リスク管理態勢の強化に有効に活用することができる。

【対応が求められる事項】
①　顧客の属性、取引時の状況その他金融機関等の保有している具体的な情報を総合的に勘案した上で、疑わしい取引の該当性について適切な検討・判断が行われる態勢を整備し、法律に基づく義務を履行するほか、届出の状況等を自らのリスク管理態勢の強化にも必要に応じ活用すること
②　金融機関等の業務内容に応じて、ITシステムや、マニュアル等も活用しながら、疑わしい顧客や取引等を的確に検知・監視・分析する態勢を構築すること
③　疑わしい取引の該当性について、国によるリスク評価の結果のほか、外国PEPs該当性、顧客が行っている事業等の顧客属性、取引に係る国・地域、顧客属性に照らした取引金額・回数等の取引態様その他の事情を考慮す

巻末資料　249

ること

④ 既存顧客との継続取引や一見取引等の取引区分に応じて、疑わしい取引の該当性の確認・判断を適切に行うこと

⑤ 疑わしい取引に該当すると判断した場合には、疑わしい取引の届出を直ちに行う態勢を構築すること

⑥ 実際に疑わしい取引の届出を行った取引についてリスク低減措置の実効性を検証し、必要に応じて同種の類型に適用される低減措置を見直すこと

⑦ 疑わしい取引の届出を複数回行うなど、疑わしい取引を契機にリスクが高いと判断した顧客について、当該リスクに見合った低減措置を適切に実施すること

(vi) ITシステムの活用

ITシステム（ソフトウェアを含む。）の活用は、自らが顧客と行う取引について、商品・サービス、取引形態、国・地域、顧客属性等の様々な情報の集約管理を行うことを可能とする。

また、ITシステムの的確な運用により、異常な取引の自動的な検知や、顧客・取引の傾向分析、顧客のリスク格付等が可能となるほか、検知の前提となるシナリオの設定・追加や、敷居値の柔軟な変更等、金融機関等のマネロン・テロ資金供与リスク管理態勢の強化が容易となる。

ITシステムを的確にマネロン・テロ資金供与対策に活用するには、例えば、前記シナリオ・敷居値等が自らが直面するリスクに見合ったものとなっているか、送金先や輸出入品目等についての制裁リストが最新かなどのシステムの運用面も含めてITシステムを適切に構築し、また、その有効性について検証を行っていき、適時に更新していくことが重要である。

【対応が求められる事項】

① 自らの業務規模・特性等に応じたITシステムの早期導入の必要性を検討し、システム対応については、後記②から⑦の事項を実施すること

② 自らのリスク評価を反映したシナリオ・敷居値等の抽出基準を設定するなど、自らのITシステムを取引モニタリング等のマネロ

ン・テロ資金供与対策の有効な実施に積極的に活用すること

③ 自らが導入しているマネロン・テロ資金供与対策に係るITシステムの設計・運用等が、自らが行うリスクの評価に見合ったものとなっているか定期的に検証し、検証結果を踏まえて必要に応じITシステムやその設計・運用等について改善を図ること

④ 取引の特徴（業種・地域等）や抽出基準（シナリオ・敷居値等）別の検知件数・疑わしい取引の届出件数等について分析を行い、システム検知以外の方法で得られた情報も踏まえながら、シナリオ・敷居値等の抽出基準について改善を図ること

⑤ 取引フィルタリングシステムについては、送金先や輸出入品目等についての制裁リストが最新のものとなっているか検証するなど、的確な運用を図ること

⑥ 内部・外部監査等の独立した検証プロセスを通じ、ITシステムの有効性を検証すること

⑦ 他の金融機関等と共通の委託先に外部委託する場合や、共同システムを利用する場合であっても、自らの取引の特徴やそれに伴うリスク等について分析を行い、当該分析結果を反映した委託業務の実施状況の検証、必要に応じた独自の追加的対応の検討等を行うこと

【先進的な取組み事例】

以下のように、リスク評価やリスク格付の機動的修正・更新等を可能とするITシステムの長所を有効に活用し、低減措置の機動性・実効性を高めている事例。

具体的には、リスク評価やリスク格付を担当する部門内に、データ分析の専門的知見を有する者を配置し、個々の顧客情報や取引情報をリアルタイムに反映するなど、リスク評価やリスク格付の結果を機動的に修正・更新できる態勢を構築している。

これらの修正・更新を通じて、検知する異常取引の範囲や数量等を調整する、振込禁止設定等により一定の取引を制限するなど、マネロン・テロ資金供与リスクの程度に応じて、低減措置を機動的に変更している。

(vii) データ管理（データ・ガバナンス）

　　ITシステムの有効性等は、当該ITシステムにおいて用いられる顧客情報、確認記録・取引記録等のデータの正確性があってはじめて担保される。

　　金融機関等においては、確認記録・取引記録等について正確に記録するほか、ITシステムを有効に活用する前提として、データを正確に把握・蓄積し、分析可能な形で整理するなど、データの適切な管理が求められる。

【対応が求められる事項】
①　確認記録・取引記録等について正確に記録するほか、ITシステムを有効に活用する前提として、データを正確に把握・蓄積し、分析可能な形で整理するなど、データの適切な管理を行うこと
②　ITシステムに用いられる顧客情報、確認記録・取引記録等のデータについては、網羅性・正確性の観点で適切なデータが活用されているかを定期的に検証すること
③　確認記録・取引記録のほか、リスクの評価や低減措置の実効性の検証等に用いることが可能な、以下を含む情報を把握・蓄積し、これらを分析可能な形で整理するなど適切な管理を行い、必要に応じて当局等に提出できる態勢としておくこと
　イ．疑わしい取引の届出件数（国・地域別、顧客属性別等の内訳）
　ロ．内部監査や研修等（関係する資格の取得状況を含む。）の実施状況
　ハ．マネロン・テロ資金供与リスク管理についての経営陣への報告や、必要に応じた経営陣の議論の状況

(4)　海外送金等を行う場合の留意点

　　自ら又は他の金融機関等を通じて海外送金等を行う場合に、外為法をはじめとする海外送金等に係る国内外の法規制等に則り、関係国等の制裁リストとの照合等の必要な措置を講ずることは、もとより当然である。

　　また、海外送金等の業務は、取引相手に対して自らの監視が及びにくいなど、国内に影響範囲がとどまる業務とは異なるリスクに直面していることに特に留意が必要である。金融機関等において

は、こうしたリスクの相違のほか、外国当局の動向や国際的な議論にも配慮した上で、リスクの特定・評価・低減を的確に行う必要がある。

　　金融機関等がコルレス契約を締結していたり、他の金融機関等による海外送金等を契約により受託等しているような場合には、マネロン・テロ資金供与リスクの低減措置の実効性は、これらの契約の相手方のマネロン・テロ資金供与リスク管理態勢に拠らざるを得ない面があり、金融機関等においては、これらの契約の相手方におけるマネロン・テロ資金供与リスク管理態勢を適切に監視することが求められる。

　　また、金融機関等には、コルレス先や業務委託先に対して、自らのリスク管理態勢や低減措置等の状況を適切に説明することが必要となる場面も考えられる。

　　さらに、他の金融機関等に海外送金等を委託等する場合においても、自らが行う他の業務と同様に、海外送金等によるマネロン・テロ資金供与リスクの特定・評価・低減を着実に行うことが求められる。

【対応が求められる事項】
①　海外送金等をマネロン・テロ資金供与対策におけるリスクベース・アプローチの枠組みの下で位置付け、リスクベース・アプローチに基づく必要な措置を講ずること
②　海外送金等のリスクを送金先等の金融機関等が認識できるよう、仕向・中継金融機関等が、送金人及び受取人の情報を国際的な標準も踏まえて中継・被仕向金融機関等に伝達し、当該金融機関等は、こうした情報が欠落している場合等にリスクに応じた措置を講ずることを検討すること
③　自ら海外送金等を行うためにコルレス契約を締結する場合には、犯収法第9条、第11条及び同法施行規則第28条、第32条に掲げる措置を実施するほか、コルレス先におけるマネロン・テロ資金供与リスク管理態勢を確認するための態勢を整備し、定期的に監視すること
④　コルレス先が架空銀行であった場合又はコルレス先がその保有する口座を架空銀行に利用されることを許容していた場合、当該コルレス先との契約の締結・維持をしないこと

⑤ 他の金融機関等による海外送金等を受託等している金融機関等においては、当該他の金融機関等による海外送金等に係る取引時確認等をはじめとするマネロン・テロ資金供与リスク管理態勢等を監視すること

⑥ 他の金融機関等に海外送金等を委託等する場合においても、当該海外送金等を自らのマネロン・テロ資金供与対策におけるリスクベース・アプローチの枠組みの下で位置付け、リスクの特定・評価・低減の措置を着実に実行すること

【対応が期待される事項】
a. 様々なコルレス先について、所在する国・地域、顧客属性、業務内容、マネロン・テロ資金供与リスク管理態勢、現地当局の監督等を踏まえた上でリスク格付を行い、リスクの高低に応じて定期的な監視の頻度等に差異を設けること

【先進的な取組み事例】
コルレス先管理について、コルレス先へ訪問してマネロン・テロ資金供与リスク管理態勢をヒアリングするほか、場合によっては現地当局を往訪するなどの方法も含め、書面による調査に加えて、実地調査等を通じたより詳細な実態把握を行い、この結果を踏まえ、精緻なコルレス先のリスク格付を実施し、コルレス先管理の実効性の向上を図っている事例。

(5) FinTech等の活用

マネロン・テロ資金供与対策においては、取引時確認や疑わしい取引の検知・届出等の様々な局面で、AI（人工知能）、ブロックチェーン、RPA（注）等の新技術が導入され、実効性向上に活用されている。

こうした新技術のマネロン・テロ資金供与対策への活用は、今後も大きな進展が見込まれるところであり、金融機関等においては、当該新技術の有効性を積極的に検討し、他の金融機関等の動向や、新技術導入に係る課題の有無等も踏まえながら、マネロン・テロ資金供与対策の高度化や効率化の観点から、こうした新技術を活用する余地がないか、前向きに検討を行っていくことが期待さ

れる。

(注) RPA（ロボティック・プロセス・オートメーション）：人工知能等を活用し、書類作成やデータ入力等の定型的作業を自動化すること。

【対応が期待される事項】
a. 新技術の有効性を積極的に検討し、他の金融機関等の動向や、新技術導入に係る課題の有無等も踏まえながら、マネロン・テロ資金供与対策の高度化や効率化の観点から、こうした新技術を活用する余地がないか、前向きに検討を行うこと

Ⅲ 管理態勢とその有効性の検証・見直し

マネロン・テロ資金供与対策の実効性の確保のためには、自らの方針・手続・計画等を策定した上で、経営陣による関与の下、これを全社的に徹底し、有効なマネロン・テロ資金供与リスク管理態勢を構築することが求められる。

前記方針・手続・計画等に基づくマネロン・テロ資金供与対策の実効性は、定期的に検証される必要があり、また、検証を踏まえて、必要に応じ管理態勢の見直しを含めたマネロン・テロ資金供与対策の改善を不断に図っていくことが求められる。

こうした全社的な内部管理態勢の構築のためには、役員の中から、マネロン・テロ資金供与対策に係る責任・権限を有する者を任命した上で、経営陣の積極的な関与・理解の下、各部門等が担う役割・責任等を明確にし、強固なガバナンス態勢を構築することが必要である。

また、金融機関等がグループを形成している場合や国際的に業務を行う場合には、傘下事業者等の業態やその属する国・地域等の相違も踏まえながら、グループ全体でマネロン・テロ資金供与対策に係る方針・手続・計画等を策定し、グループ全体に整合的な形で、これらを適用することが求められる。

さらに、マネロン・テロ資金供与対策の実効性は、実際に方針・手続・計画等に関わる全ての職員の理解に依拠することに留意が必要である。金融機関等においては、採用や研修等を通じ、職員のマネロン・テロ資金供与対策に係る専門性・適合性を確保・維持していく必要がある。

Ⅲ－1　マネロン・テロ資金供与対策に係る方針・手続・計画等の策定・実施・検証・見直し（PDCA）

金融機関等において、実効的なマネロン・テロ資金供与リスク管理態勢を確立し、有効に機能させるためには、マネロン・テロ資金供与対策の方針・手続・計画等を整備し、全社的に共有を図ることが必要である。

こうした方針・手続・計画等は、金融機関等におけるリスクに見合った対応の実効性を確保するためのものであり、これらの方針・手続・計画等の中で、自らの規模・特性等を踏まえながら、リスクの特定・評価・低減という一連の対応を明確に位置付ける必要がある。

また、金融機関等においては、こうした方針・手続・計画等の実効性を検証し、不断に見直しを行っていくことが求められる。

リスクの特定・評価・低減の各プロセスの実効性を検証するためには、マネロン・テロ資金供与対策に係る担当役員や主管部門における定期的な監視のほか、内部監査部門における各部門・営業店等へのマネロン・テロ資金供与対策の浸透状況の確認等を行うことが重要となる。

こうした検証の結果、各プロセスにおける措置や管理態勢に更なる改善の余地がないか改めて検討し、必要に応じリスクの特定・評価・低減のための方針・手続・計画等や管理態勢等につき、改善を図っていくことが求められる。

【対応が求められる事項】
① 自らの業務分野・営業地域やマネロン・テロ資金供与に関する動向等を踏まえたリスクを勘案し、マネロン・テロ資金供与対策に係る方針・手続・計画等を策定し、顧客の受入れに関する方針、顧客管理、記録保存等の具体的な手法等について、全社的に整合的な形で、これを適用すること
② リスクの特定・評価・低減のための方針・手続・計画等が実効的なものとなっているか、各部門・営業店等への監視等も踏まえつつ、不断に検証を行うこと
③ リスク低減措置を講じてもなお残存するリスクを評価し、リスク低減措置の改善や管理部門による更なる措置の実施の必要性につき、検討すること

④ 管理部門及び内部監査部門において、例えば、内部情報、内部通報、職員からの質疑等の情報も踏まえて、リスク管理態勢の実効性の検証を行うこと
⑤ 前記実効性の検証の結果、更なる改善の余地が認められる場合には、リスクの特定・評価・低減のための手法自体も含めた方針・手続・計画等や管理態勢等についても必要に応じ見直しを行うこと

【対応が期待される事項】
a. マネロン・テロ資金供与対策を実施するために、自らの規模・特性・業容等を踏まえ、必要に応じ、所管する専担部室を設置すること
b. 同様に、必要に応じ、外部専門家等によるレビューを受けること

Ⅲ－2　経営陣の関与・理解

金融機関等のマネロン・テロ資金供与リスクは、自らの経営戦略等を踏まえた業務運営により増減するものであり、その評価は、経営戦略全体の中でのリスク許容度、資源配分方針の検証・見直し等の一環として、考慮・検討されるべきものである。

また、マネロン・テロ資金供与対策の機能不全は、巨額の制裁金や取引の解消といった過去の事例に見られるとおり、レピュテーションの低下も含めた経営上の問題に直結するものである。

さらに、経営陣がこうしたリスクを適切に理解した上でマネロン・テロ資金供与対策に対する意識を高め、トップダウンによって組織横断的に対応の高度化を推進し、経営陣として明確な姿勢・方針を打ち出すことは、営業部門を含めた全役職員に対しマネロン・テロ資金供与対策に対する意識を浸透させる上で非常に重要となる。

こうしたことを踏まえ、金融機関等の経営陣においては、自らのマネロン・テロ資金供与対策に主体的かつ積極的に関与し、対応の高度化を推進していく必要がある。

【対応が求められる事項】
① マネロン・テロ資金供与対策を経営戦略等における重要な課題の一つとして位置付けること

巻末資料　253

② 役員の中から、マネロン・テロ資金供与対策に係る責任を担う者を任命し、職務を全うするに足る必要な権限等を付与すること
③ 当該役員に対し、必要な情報が適時・適切に提供され、当該役員が金融機関等におけるマネロン・テロ資金供与対策について内外に説明できる態勢を構築すること
④ マネロン・テロ資金供与対策の重要性を踏まえた上で、所管部門への専門性を有する人材の配置及び必要な予算の配分等、適切な資源配分を行うこと
⑤ マネロン・テロ資金供与対策に関わる役員・部門間での連携の枠組みを構築すること
⑥ 経営陣が、職員へのマネロン・テロ資金供与対策に関する研修等につき、自ら参加するなど、積極的に関与すること

【対応が期待される事項】
a．役職員の人事・報酬制度等において、マネロン・テロ資金供与対策の遵守・取組み状況等を適切に勘案すること

Ⅲ－3　経営管理（三つの防衛線等）

金融機関等においては、その業務の内容や規模等に応じ、有効なマネロン・テロ資金供与リスク管理態勢を構築する必要があり、営業・管理・監査の各部門等が担う役割・責任を、経営陣の責任の下で明確にして、組織的に対応を進めることが重要である。

こうした各部門等の役割・責任の明確化の観点からは、一つの方法として、各部門の担う役割等を、営業部門、コンプライアンス部門等の管理部門及び内部監査部門の機能として「三つの防衛線（three lines of defense）」の概念の下で整理することが考えられる。

以下では、金融機関等に求められるマネロン・テロ資金供与リスク管理態勢の機能を、三つの防衛線の概念の下で整理した上で「対応が求められる事項」を記載しているが、各金融機関等において、業務の特性等を踏まえ、項目によっては異なる整理の下で管理態勢等（外部へのアウトソーシングを含む。）を構築することも考えられる。その場合であっても、それぞれの管理態勢の下で、「対応が求められる事項」が目標としている効果と同等の効果を確保することが求められる。

(1)　第1の防衛線

第1の防衛線（第1線）とは、営業部門を指している。マネロン・テロ資金供与対策においても、顧客と直接対面する活動を行っている営業店や営業部門が、マネロン・テロ資金供与リスクに最初に直面し、これを防止する役割を担っている。

第1線が実効的に機能するためには、そこに属する全ての職員が、自らが関わりを持つマネロン・テロ資金供与リスクを正しく理解した上で、日々の業務運営を行うことが求められる。

金融機関等においては、マネロン・テロ資金供与対策に係る方針・手続・計画等を整備・周知し、研修等の機会を設けて徹底を図るなど、第1線が行う業務に応じて、その業務に係るマネロン・テロ資金供与リスクの理解の促進等に必要な措置を講ずることが求められる。

【対応が求められる事項】
① 第1線に属する全ての職員が、自らの部門・職務において必要なマネロン・テロ資金供与対策に係る方針・手続・計画等を十分理解し、リスクに見合った低減措置を的確に実施すること
② マネロン・テロ資金供与対策に係る方針・手続・計画等における各職員の責務等を分かりやすく明確に説明し、第1線に属する全ての職員に対し共有すること

(2)　第2の防衛線

第2の防衛線（第2線）とは、コンプライアンス部門やリスク管理部門等の管理部門を指している。これらの部門は、第1線の自律的なリスク管理に対して、独立した立場から牽制を行うと同時に、第1線を支援する役割も担う。

マネロン・テロ資金供与対策における管理部門には、これを主管する部門のほか、取引モニタリングシステム等を所管するシステム部門や専門性を有する人材の確保・維持を担う人事部門も含まれる。

第1線に対する牽制と支援という役割を果たすために、管理部門には、第1線の業務に係る知見と、同業務に潜在するマネロン・テロ資金供与リスクに対する理解を併せ持つことが求められる。

【対応が求められる事項】
① 第1線におけるマネロン・テロ資金供与対策に係る方針・手続・計画等の遵守状況の確認や、低減措置の有効性の検証等により、マネロン・テロ資金供与リスク管理態勢が有効に機能しているか、独立した立場から監視を行うこと
② 第1線に対し、マネロン・テロ資金供与に係る情報の提供や質疑への応答を行うほか、具体的な対応方針等について協議をするなど、十分な支援を行うこと
③ マネロン・テロ資金供与対策の主管部門にとどまらず、マネロン・テロ資金供与対策に関係する全ての管理部門とその責務を明らかにし、それぞれの部門の責務について認識を共有するとともに、主管部門と他の関係部門が協働する態勢を整備し、密接な情報共有・連携を図ること
④ 管理部門にマネロン・テロ資金供与対策に係る適切な知識及び専門性等を有する職員を配置すること

(3) 第3の防衛線

第3の防衛線（第3線）は、内部監査部門を指している。内部監査部門には、第1線と第2線が適切に機能をしているか、更なる高度化の余地はないかなどについて、これらと独立した立場から、定期的に検証していくことが求められる。

また、内部監査部門は、独立した立場から、全社的なマネロン・テロ資金供与対策に係る方針・手続・計画等の有効性についても定期的に検証し、必要に応じて、方針・手続・計画等の見直し、対策の高度化の必要性等を提言・指摘することが求められる。

【対応が求められる事項】
① 以下の事項を含む監査計画を策定し、適切に実施すること
 イ．マネロン・テロ資金供与対策に係る方針・手続・計画等の適切性
 ロ．当該方針・手続・計画等を遂行する職員の専門性・適合性等
 ハ．職員に対する研修等の実効性
 ニ．営業部門における異常取引の検知状況
 ホ．検知基準の有効性等を含むITシステムの運用状況
 ヘ．検知した取引についてのリスク低減措置

の実施、疑わしい取引の届出状況
② 自らの直面するマネロン・テロ資金供与リスクに照らして、監査の対象・頻度・手法等を適切なものとすること
③ リスクが高いと判断した業務等以外についても、一律に監査対象から除外せず、頻度や深度を適切に調整して監査を行うなどの必要な対応を行うこと
④ 内部監査部門が実施した内部監査の結果を監査役及び経営陣に報告するとともに、監査結果のフォローアップや改善に向けた助言を行うこと
⑤ 内部監査部門にマネロン・テロ資金供与対策に係る適切な知識及び専門性等を有する職員を配置すること

Ⅲ－4　グループベースの管理態勢

金融機関等がグループを形成している場合には、グループ全体としてのマネロン・テロ資金供与対策に係る方針・手続・計画等を策定し、グループ全体に整合的な形で、必要に応じ傘下事業者等の業態等による違いも踏まえながら、これを実施することが重要である。

特に、海外拠点等を有する金融機関等グループにおいては、当該拠点等が属する国・地域と我が国における地理的・政治的その他の環境等が異なるため、実効的なマネロン・テロ資金供与対策を講ずるには、こうした違いを踏まえつつ、グループとして一貫性のある態勢を整備することが必要となる。

また、我が国と当該国・地域との間で、法規制等において求められるマネロン・テロ資金供与対策が異なることや、情報保護法制等の違いからマネロン・テロ資金供与対策に必要な情報共有等が困難となること等も考えられる。

海外拠点等を有する金融機関等グループにおいては、こうした違いやグローバルに展開する他の金融グループのプラクティス等を踏まえながら、グループベースでの整合的な管理態勢の構築や、傘下事業者等への監視等を実施していく必要がある。特に、海外業務が大きな割合を占める、又は、経営戦略上重要な位置付けとなっている金融機関等グループにおいては、マネロン・テロ資金供与対策に対する目線が急速に厳しさを増していることに鑑みると、その必要性は高いものと考えられる。

巻末資料　255

外国金融グループの在日拠点においては、グループ全体としてのマネロン・テロ資金供与リスク管理態勢及びコルレス先を含む我が国金融機関等との取引状況について、当局等を含むステークホルダーに説明責任を果たしていくことが求められる。

【対応が求められる事項】
① 　グループとして一貫したマネロン・テロ資金供与対策に係る方針・手続・計画等を策定し、業務分野や営業地域等を踏まえながら、顧客の受入れに関する方針、顧客管理、記録保存等の具体的な手法について、グループ全体で整合的な形で、これを実施すること
② 　グループ全体としてのリスク評価や、マネロン・テロ資金供与対策の実効性確保等のために必要なグループ内での情報共有態勢を整備すること
③ 　海外拠点等を有する金融機関等グループにおいては、各海外拠点等に適用されるマネロン・テロ資金供与対策に係る法規制等を遵守するほか、各海外拠点等に内在するリスクの特定・評価を行い、可視化した上で、リスクに見合う人員配置を行うなどの方法により適切なグループ全体での低減措置を講ずること
④ 　海外拠点等を有する金融機関等グループにおいては、各海外拠点等に適用される情報保護法制や外国当局のスタンス等を理解した上で、グループ全体として整合的な形でマネロン・テロ資金供与対策を適時・適切に実施するため、異常取引に係る顧客情報・取引情報及びその分析結果や疑わしい取引の届出状況等を含む、必要な情報の共有や統合的な管理等を円滑に行うことができる態勢（必要なITシステムの構築・更新を含む。）を構築すること（海外業務展開の戦略策定に際しては、こうした態勢整備の必要性を踏まえたものとすること。）
⑤ 　海外拠点等を有する金融機関等グループにおいて、各海外拠点等の属する国・地域の法規制等が、我が国よりも厳格でない場合には、当該海外拠点等も含め、我が国金融機関等グループ全体の方針・手続・計画等を整合的な形で適用・実施し、これが当該国・地域の法令等により許容されない場合には、我が国の当局に情報提供を行うこと（注）
（注） 当該国・地域の法規制等が我が国よりも厳格である場合に、当該海外拠点等が当該国・地域

の法規制等を遵守することは、もとより当然である。
⑥ 　外国金融グループの在日拠点においては、グループ全体としてのマネロン・テロ資金供与リスク管理態勢及びコルレス先を含む我が国金融機関等との取引状況について、当局等を含むステークホルダーに説明責任を果たすこと

【先進的な取組み事例】
　以下のように、本部がグループ共通の視点で海外拠点等も含む全社的なリスクの特定・評価を行いつつ、実地調査等を踏まえて各拠点に残存するリスクを実質的に判断し、グループベースの管理態勢の実効性強化に役立てている事例。
　具体的には、海外拠点等を含む全社的なマネロン・テロ資金供与対策プログラムを策定し、これに基づき、本部のマネロン・テロ資金供与対策主管部門において、拠点別の口座数、高リスク顧客数等の情報を一括管理し、海外拠点等も含む各部門・拠点のリスクを共通の目線で特定・評価している。
　その上で、部門・拠点ごとの低減措置につき、職員の人数、研修等の実施状況、IT等のインフラの特異性等も踏まえながら、各拠点と議論した上で低減措置の有効性を評価している。
　さらに、低減措置を踏まえてもなお残存するリスクについては、必要に応じて本部のマネロン・テロ資金供与対策主管部門が実地調査等を行い、残存するリスクが高い拠点については監視・監査の頻度を上げるなど、追加の対策を講じ、全社的な対策の実効性を高めている。

【先進的な取組み事例】
　グループベースの情報共有について、グループ全体で一元化したシステムを採用し、海外拠点等が日々の業務で知り得た顧客情報や取引情報を日次で更新するほか、当該更新情報を本部と各拠点で同時に共有・利用することにより、本部による海外拠点等への監視の適時性を高めている事例。

Ⅲ-5　職員の確保、育成等

　マネロン・テロ資金供与リスク管理態勢の実効性は、各営業店を含む様々な部門の職員がその役割に応じた専門性・適合性等を有し、経営陣が定めた方針・手続・計画等を的確に実行することで確保されるものである。

　金融機関等においては、こうした専門性・適合性等を有する職員を必要な役割に応じ確保・育成しながら、適切かつ継続的な研修等（関係する資格取得を含む。）を行うことにより、組織全体として、マネロン・テロ資金供与対策に係る理解を深め、専門性・適合性等を維持・向上させていくことが求められる。

【対応が求められる事項】
① マネロン・テロ資金供与対策に関わる職員について、その役割に応じて、必要とされる知識、専門性のほか、研修等を経た上で取引時確認等の措置を的確に行うことができる適合性等について、継続的に確認すること
② 取引時確認等を含む顧客管理の具体的な方法について、職員が、その役割に応じて的確に理解することができるよう、分かりやすい資料等を用いて周知徹底を図るほか、適切かつ継続的な研修等を行うこと
③ 当該研修等の内容が、自らの直面するリスクに適合し、必要に応じ最新の法規制、内外の当局等の情報を踏まえたものであり、また、職員等への徹底の観点から改善の余地がないか分析・検討すること
④ 研修等の効果について、研修等内容の遵守状況の検証や職員等に対するフォローアップ等の方法により、確認すること
⑤ 全社的な疑わしい取引の届出状況や、管理部門に寄せられる質問内容・気づき等を営業部門に還元するほか、営業部門内においてもこうした情報を各職員に的確に周知するなど、営業部門におけるリスク認識を深めること

【対応が期待される事項】
ａ．海外拠点等を有する金融機関等グループにおいて、各海外拠点等のリスク評価の担当者に対して、単にリスク評価の手法についての資料等を作成・配布するのみならず、リスク評価の重要性や正確な実施方法に係る研修等を当該拠点等の特殊性等を踏まえて実施し、その研修等の内容についても定期的に見直すこと
ｂ．海外拠点等を有し、海外業務が重要な地位を占める金融機関等グループにおいて、マネロン・テロ資金供与対策に関わる職員が、マネロン・テロ資金供与に係る国際的な動向について、有効な研修等や関係する資格取得に努めるよう態勢整備を行うこと

Ⅳ　金融庁によるモニタリング等

Ⅳ-1　金融庁によるモニタリング

　前記のとおり、金融庁としては、本ガイドラインを踏まえた金融機関等におけるマネロン・テロ資金供与対策への取組み状況等について、適切にモニタリングを行い、その結果得られた情報を金融機関等と共有しつつ、管理態勢の強化を促し、必要に応じて、監督上の措置を講ずることを検討していく。

　こうしたモニタリングを行うに当たっては、我が国におけるマネロン・テロ資金供与に係る実質的なリスクに着目するアプローチを採ることとし、利用可能な情報を収集・集約し、金融システム全体を俯瞰した上で、各業態のリスク及び各業態における各金融機関等のリスクを特定し、評価する。その上で、特定・評価したリスクの高低に応じて資源を配分して、実効的かつ効率的なモニタリングを行っていく。

　こうした業態間及び業態内のリスクの特定・評価においては、マネロン・テロ資金供与に係る国際的な動向も踏まえながら、様々な商品・サービス、取引形態、国・地域、顧客の属性等の金融機関等の特性等を勘案し、金融当局によるフォワード・ルッキングなモニタリングに活用していく。

　前記のようなリスクの特定・評価・分析を行うに当たっては、種々の定量・定性情報等の客観的な資料が必要となる。金融庁としては、既に入手可能なデータのほか、例えば以下の情報等を必要に応じて金融機関等より提出を受けることや、各金融機関等の内部管理態勢に関するヒアリングを行うこと等により、監督当局によるリスクベース・アプローチの実効性の向上を図る。こうしたモニタリングを有効に実施するため、財務局も含む専門人材の育成、外部専門家の採用を図っていく。

　✓ 疑わしい取引の届出件数（国・地域別、顧客

巻末資料　257

属性別等の内訳）
- ✓ 内部監査や研修等（関係する資格の取得状況を含む。）の実施状況
- ✓ 特定事業者作成書面等
- ✓ マネロン・テロ資金供与リスク管理についての経営陣への報告や、必要に応じた経営陣の議論の状況

これらの情報は、金融機関等がリスクベース・アプローチにおけるリスクの特定・評価等を行う際にも有用であり、金融機関等においては、これらの情報その他自らのリスク分析に必要な情報を蓄積・整理した上で、自らのリスクベース・アプローチの実効性向上のために活用することが期待される。

また、前記モニタリングの過程で見られた事例や外国当局等から入手した情報について、我が国金融機関等のマネロン・テロ資金供与対策の全体の水準の底上げに資すると考えられるものについては、金融庁として、積極的に金融機関等との共有を図っていく。

なお、犯収法第3条第3項では、国家公安委員会において、我が国における犯罪収益移転の危険性等について、犯罪収益移転危険度調査書を公表することとされている。金融庁は、金融機関等の監督当局として、当該調査書も踏まえて、金融機関等に対するリスクベース・アプローチに基づくモニタリングを実施する。

Ⅳ－2　官民連携・関係当局との連携等

高まりをみせるマネロン・テロ資金供与リスクに対して、我が国金融システム全体の健全性を維持するためには、個別の金融機関等における対応のみならず、内外の関係当局、業界団体、金融機関等の民間事業者が連携・協働して対応を進めていく必要がある。

特に、時々変化するマネロン・テロ資金供与の動向に機動的に対応するためには、国際的な議論・先進的な取組み等についての情報収集が重要となるが、個別の金融機関等において収集できる情報には限界があることも考えられるほか、対応のノウハウを蓄積する上でも、非効率となりかねない。

こうした観点から、金融庁としては、従前以上に業界団体や、関係省庁、外国当局との連携を深めて情報収集を強化し、モニタリング等で得た参考となる事例等も含め、こうした過程で収集した優良事例等について、金融機関等と共有を図っていく。また、業界団体等と連携しながら、個別金融機関等とも継続的に対話等を行うなどして、マネロン・テロ資金供与対策に係る課題や解決策、環境整備等についての継続的な検討を促していく。

また、業界団体等においては、当該業界の特性を踏まえながら、傘下金融機関等に対して、マネロン・テロ資金供与に係る最新の動向や、課題・解決策のあり方や事例、諸外国における取組み等についての情報提供を行うほか、傘下金融機関等のマネロン・テロ資金供与対策の実施・高度化に係る支援を行うなど、中心的な役割を果たすことが求められる。

さらに、こうしたマネロン・テロ資金供与リスク管理に係る業務の効率化の観点からは、前記のような積極的な情報共有に加え、顧客管理、リスク評価、取引モニタリング・フィルタリング等の様々な分野において、テクノロジー等を使った高度化、アウトソーシング等による共同化といった取組みを、その有効性を高めつつ促進していくことも重要である。

他方、金融庁としても、官民双方の円滑なコミュニケーションを更に促進する観点から、業界団体や個別金融機関等からの意見等を踏まえて、モニタリングやアウトリーチ等のあり方についても、継続的に見直していく。

さらに、こうした我が国金融当局の取組みは、国内における関係省庁との連携の下、有効に行われる必要がある。特に、海外送金等の業務に関しては、財務省の行う外為法等に基づく外為検査との連携等により、モニタリングの実効性・効率性の向上が期待できる。また、必要に応じ、外国当局と情報交換を行うことも有効である。

金融庁としては、このように、業界団体・個別金融機関等、関係省庁、外国当局と密接に情報交換・連携を図り、我が国における実効的なマネロン・テロ資金供与対策を確保するための施策を講じていく。

平成30年2月6日　　制定
平成31年4月10日　　改正

事項索引

［英字］

AI ···································· 210
AMLプログラム ···················· 7,11
BI（Business Intelligence）··· 172,185
CDD ···························· 9,67,69
CI ···································· 67
CIP ·································· 51
CRMシステム ························ 129
EDD ····················· 9,67,104,127
ETL ···················· 58,63,179,182
EUC（エンドユーザーコンピュー
　ティング）····················· 72,215
False Negative ············· 41,200,207
False Positive ········· 41,133,196,207
FATF勧告 ···························· 177
FinTech ······························ 210
KYCC ······························ 156
PDCAサイクル ··············· 11,13,23
PEPs ·················· 76,81,112,118
Periodic Review ···················· 128
RegTech ···························· 210
RPA ································ 210
Sibos ································ 214
True Positive ··················· 200,204
Zスコア ···························· 147

［い］

入口管理 ······························ 51

［う］

ウォッチリスト ························ 79
疑わしい取引の参考事例 ······ 133,143

［か］

回帰分析 ···························· 185
外国為替検査ガイドライン ···· 88,177
外部連携 ···························· 10
カスタマー・デュー・ディリジェ
　ンス（CDD）·················· 9,67,69
ガバナンス ···························· 9
監視 ································ 10
管理レポート ························ 179

［き］

偽陰性 ······························ 200
記録・ITシステム活用 ·············· 10

［く］

国・地域リスク ······················ 31

［け］

ケース ···························· 164
ケース管理 ························ 164
決定木分析 ························ 185
研修 ································ 228

［こ］

誤アラート ························ 196
顧客管理措置 ························ 9
顧客属性リスク ···················· 30
国籍 ································ 112
誤判別 ···························· 207
コンフィグレーション ·············· 165

［さ］

採用・研修 ························ 10
残余リスク ························ 25,29

事項索引　259

[し]
自社開発 ………………………… 45
シナリオ ………………………… 138
商品・サービスリスク …………… 32
真陽性 …………………………… 200

[せ]
絶対基準 ………………… 103,113,188

[そ]
総合評価 ………………………… 103
相対基準 ………………… 103,113,189

[た]
ターゲットサーベイランス ……… 233
第1線 …………………………… 222
第2線 …………………………… 223
第3線 …………………………… 225

[ち]
中間管理 ………………………… 51
チューニング ……………… 44,52,90

[て]
データガバナンス ………… 178,181
データクレンジング …………… 83
データベース …………………… 39
デ・リスキング ………………… 31,93

[と]
取引形態リスク ………………… 32
取引等実態報告 ………………… 169

[ね]
ネットワーク分析 ……………… 210

[は]
ハイリスク顧客 ………………… 121
パッケージ（製品）……… 45,62,164
犯罪収益移転危険度調査書
　　　………………… 25,28,116,177

[ひ]
ピアグループ ……………… 144,198
ピアグループプロファイル … 144,198
ビジネス機能 ……………… 52,57
ヒストリカルプロファイル ……… 144

[ふ]
ファジーマッチング …………… 88
プロジェクト計画 ……………… 57
プロジェクトスケジュール ……… 58
プロジェクト体制 ……………… 58
プロファイルベースのシナリオ … 141
分析環境 ………………………… 185
分析基礎データ ………………… 185

[ほ]
ホワイトボックス ……………… 44
ホワイトリスト ………………… 206

[ゆ]
有効性検証 ……………… 85,176

[よ]
予備検討 ………………………… 63

[ら]
らせん図 ………………………… 12

[り]
リスク指標 ……………………… 170
リスク低減 ……………………… 3

リスク特定 ……………………… 3,28
リスク評価 ………………… 3,9,29,33
リスク評価グループ …………… 123
リスク評価項目 …………………… 121
リスク評価書 ………… 22,24,71,110
リスクベース・アプローチ
　……………………… 4,29,56,116

リスクマップ ……………………… 34

[る]
ルールベースのシナリオ ……… 141

[ろ]
ロジスティック回帰分析 ……… 192

金融機関のAML実務ガイド
―― リスク評価とシステム対応

2019年7月17日　第1刷発行

著　者	藤　井　尚　子			
	忍　田　伸　彦			
発行者	加　藤　一　浩			

〒160-8520　東京都新宿区南元町19
発　行　所　一般社団法人 金融財政事情研究会
企画・制作・販売　株式会社きんざい
　　出 版 部　TEL 03(3355)2251　FAX 03(3357)7416
　　販売受付　TEL 03(3358)2891　FAX 03(3358)0037
　　　　　　　URL https://www.kinzai.jp/

校正：株式会社友人社／印刷：三松堂株式会社

・本書の内容の一部あるいは全部を無断で複写・複製・転訳載すること、および
　磁気または光記録媒体、コンピュータネットワーク上等へ入力することは、法
　律で認められた場合を除き、著作者および出版社の権利の侵害となります。
・落丁・乱丁本はお取替えいたします。定価はカバーに表示してあります。

ISBN978-4-322-13468-1